Katja B.
Am Ende zählt nur das Leben

PIPER

Zu diesem Buch

Seit der Geburt ihrer Tochter haben sich Katja und Cay immer mehr entfremdet. Der eigentlich so aktive und fröhliche Mann zieht sich häufig zurück, reagiert empfindlich, manchmal übersensibel. Kurze Zeit später ist er wieder liebenswürdig und geradezu euphorisch. Katja kann sein Verhalten nicht einordnen. Sie glaubt, dass Cay mit seiner neuen Rolle als Vater nicht zurechtkommt, weil er sein unabhängiges Leben für ihren Familienwunsch aufgeben musste. Sie hält seine Stimmungsschwankungen immer weniger aus. Nach und nach wird Katja klar, dass ihre Ehe gescheitert ist und sie sich trennen müssen.

Doch für ihn zerbricht nicht nur ihre Ehe, sondern die ganze Welt. An einem einsamen Wochenende geschieht die Katastrophe: Er tötet zuerst das Kind und dann sich selbst.

Erst durch eine langwierige Traumatherapie begreift Katja, was passiert ist und was sie vorher nie wirklich verstanden hat: Ihr Mann litt unter Depressionen.

Katja B. lebt heute mit ihrem zweiten Mann Robert und ihren beiden gemeinsamen Kindern in einer norddeutschen Kleinstadt.

Bruni Prasske ist Autorin zahlreicher Sachbücher, u. a. von »Mögen deine Hände niemals schmerzen«. Sie war Koautorin von Jasmin Tabatabai, Sueli Menezes und anderen.

Katja B.
mit Bruni Prasske

Am Ende zählt nur das Leben

Wie seine Depression meine Familie zerstörte
und ich die Kraft fand weiterzumachen

Piper München Zürich

Mehr über unsere Autoren und Bücher:
www.piper.de

Um die Persönlichkeitsrechte von Dritten zu wahren, wurden zahlreiche
Details aus dem Leben der handelnden Personen geändert, u. a. sämtliche
Namen und Orte. Die Handlung beruht auf wahren Begebenheiten, ist im
Detail der Wirklichkeit aber nur nachempfunden.

MIX
Papier aus verantwor-
tungsvollen Quellen
FSC
www.fsc.org   FSC® C083411

Ungekürzte Taschenbuchausgabe
Februar 2014
© 2012 Piper Verlag GmbH, München,
erschienen im Verlagsprogramm Pendo
Umschlaggestaltung: Mediabureau Di Stefano, Berlin
Umschlagabbildung: mauritius images/imagebroker/Stefan Arendt
Satz: Fotosatz Amann, Memmingen
Gesetzt aus der Sabon
Papier: Munken Print von Arctic Paper Munkedals AB, Schweden
Druck und Bindung: CPI books GmbH, Leck
Printed in Germany   ISBN 978-3-492-30390-3

Und ob ich schon wanderte im finstern Tal,
fürchte ich kein Unglück; denn du bist bei mir,
dein Stecken und Stab trösten mich.
(Psalm 23, Vers 4)

Im Gedenken an meine verstorbene Tochter.

Außerdem möchte ich dieses Buch meinen jetzigen
Kindern widmen, damit sie wissen, was vor ihnen
geschehen ist, und sie die Wahrheit kennen.

In Liebe, eure Mama

Inhalt

Prolog

Meine Tochter wäre jetzt acht Jahre alt. Sie würde in die Schule gehen.

Aber dazu ist es nie gekommen. Von einem Tag auf den anderen war mir das Liebste genommen worden. Ein Leben ohne meine Sarah konnte ich mir lange Zeit nicht vorstellen.

Mein Mann war ein Meister der Verstellung. Wegen seiner Taten bestand mein Leben nur noch aus Leere. Damals war ich vierundzwanzig Jahre alt. Plötzlich Witwe.

Inzwischen habe ich das Schlimmste überwunden, und es geht mir gut. Ich kann mich wieder an den schönen Dingen des Lebens erfreuen.

Ich bin wieder Mutter geworden. Heute bin ich zweiunddreißig.

Der Mann meines Lebens

Es war Sommer, und ich traf den Mann meines Lebens.

Er saß vor einem Zelt in den Dünen und wäre mir nicht aufgefallen, wenn er meine Freundin und mich nicht begrüßt hätte, als würde er uns kennen.

Die Sonne schien, Sandra und ich waren gerade mit meinem Fiat Punto auf dem Sylter Campingplatz angekommen und hielten Ausschau nach einem Plätzchen für unser Zelt. Ich überlegte noch, ob ich seinen Gruß als aufdringlich empfand, aber da hatte Sandra bereits unser Zelt ausgewickelt, und wir waren Nachbarn geworden.

Hinter den Dünen rauschte das Meer, und die Möwen schrien. Der Geschmack von Salz in der Luft und der endlose blaue Himmel erfüllten gleich zu Beginn meine größten Urlaubswünsche. Ich fühlte mich weit weg von meinem Heimatdorf, als wäre ich auf einer fernen Ferieninsel, dabei waren wir nur dreihundert Kilometer gefahren. Vor Kurzem hatte ich die Schule beendet, und in wenigen Wochen sollte meine Ausbildung zur Arzthelferin beginnen. Bis dahin wollte ich den Sommer genießen.

Unsere Nachbarn drehten am Abend ihren Gettoblaster auf und wippten im Takt der Songs. Sandra und ich hörten Delta-Radio, aber die Anlage des jungen Mannes und seines Freundes war eindeutig lauter als unsere. Als sie einen Hit der *Ärzte* spielten, sangen Sandra und ich lauthals mit:

Oh, ich hab solche Sehnsucht
Ich verliere den Verstand
Ich will wieder an die Nordsee
Ich will zurück nach Westerland

Daraufhin kamen die beiden zu uns herüber und stellten sich als Robert und Basti vor. Sie wollten alles über uns wissen – so erschien es mir zumindest. Irgendwie fand ich Gefallen an ihrer ausgelassenen Art.

»Katja, nun sag schon, woher kommst du? Aus Hamburg?«, fragte Robert mich, der in seiner weiten Hose, deren Schritt bis zu den Knien reichte, einem schief sitzenden Fischerhut und einem verblichenen Shirt nicht gerade einen attraktiven Eindruck auf mich machte.

»Sehe ich denn so aus?«

»Du siehst toll aus. Bist du nun aus Hamburg?«

»Aber nein, ich bin ein Mädchen vom Lande«, lachte ich und schaute an mir herunter. Ich trug Jeans und ein ärmelloses Oberteil. Meine Füße steckten in Flipflops, und das blonde Haar trug ich offen.

»Aus Schleswig-Holstein?«

»Nein, aus Niedersachsen.«

»Aha, interessant! Von der Küste?«, wollte er wissen.

»Nein, von ganz woanders. Davon hast du sicher nie gehört. Ein Dorf.«

»Und wo liegt dieses Dorf?«

Ich zögerte mit der Antwort, seine vielen Fragen kamen mir seltsam vor. »Ach, das kennst du garantiert nicht, mitten in der Provinz. Wenn man eine Weile fährt, kommt man nach Hannover.«

»Hm. Ich komme auch aus der Nähe von Hannover.«

Und dann stellten wir fest, dass wir nur vierzehn Kilometer voneinander entfernt aufgewachsen waren. Wir waren gleichaltrig und hätten uns eigentlich schon längst über den Weg laufen müssen. Genau wie ich ging Robert in der nahen Kreisstadt zur Schule. Er kam in die zwölfte Klasse und hatte bis zum Abitur noch zwei Jahre vor sich.

Robert ließ mich den ganzen Abend über nicht aus den Augen und stellte Fragen nach meinen Hobbys und Interessen. Und dann wollte er wissen, ob er mich nach dem Nordseeurlaub wiedersehen könnte.

Wie Gentlemen verabschiedeten Robert und Basti sich gegen Mitternacht, weil sie merkten, wie müde wir von der Fahrt und der frischen Nordseeluft waren.

Am Morgen hing ein Beutel mit frischen Brötchen an unserem Zelt, und bereits am folgenden Abend überraschte Robert mich mit einem Geständnis.

»Ich bin in dich verliebt«, sagte er, und ich glaubte, mich verhört zu haben. Ich wurde nicht einmal rot, denn ich verstand die Bedeutung seiner Worte nicht wirklich. Sie erschienen mir absurd, als hätte er über jemand anderen gesprochen, nicht über mich und seine angeblichen Gefühle mir gegenüber. Wir kannten uns doch überhaupt nicht.

»Wie kann man denn nach einem Tag schon verliebt sein? Woran merkt man das überhaupt? Bist du dir sicher?«, wollte ich wissen, als ich meine Stimme wiederfand.

»Ich bin mir ganz sicher und merke es genau und überall«, sagte er und tat ein wenig geheimnisvoll. Wir saßen abseits der Zelte, und Robert sprach leise. Er schaute mir nur kurz in die Augen und dann wieder zu Boden. Plötzlich wirkte er schüchtern. Ich wusste nicht, was ich von ihm halten sollte. Er war doch ein Fremder.

» Schon mal was von Liebe auf den ersten Blick gehört?«, wollte er schließlich wissen.

» So ein Quatsch!«, erwiderte ich. » Das kann ich mir beim besten Willen nicht vorstellen.« Ich nahm seine Worte nicht ernst. Dieser nachlässig gekleidete Schuljunge war ohnehin nicht nach meinem Geschmack. Er wirkte deutlich in sich gekehrter als sein Freund Basti, der mir irgendwie besser gefiel, weil er ein lustiger und offener Typ war. Basti hatte immer einen Spruch auf den Lippen, mit ihm würde es sicher nie langweilig werden. Außerdem war er groß und athletisch gebaut, wenngleich seine Kleidung leider einen ähnlich vernachlässigten Eindruck wie Roberts machte. Er trug sogar den gleichen hässlichen Hut, den ich im Stillen *Speckdeckel* nannte. Warum nur tragen junge Männer derart geschmacklose Kopfbedeckungen?

Im Gegensatz zu seinem Freund war Robert den ganzen Tag wortlos um mich herumgeschlichen und hatte mir in regelmäßigen Abständen ein Lächeln zugeworfen. Und dann war aus heiterem Himmel seine Liebeserklärung gekommen, mit der ich nun wirklich nichts anfangen konnte.

» Darf ich mir denn überhaupt keine Hoffnung machen?«, fragte er.

» Nun hör schon auf, und dräng mich nicht so. Warten wir doch erst einmal ab«, sagte ich, um endlich meine Ruhe zu haben.

Sandra und ich genossen unseren Sylturlaub. Die Tage vergingen wie im Flug. Bald waren wir gebräunt, unsere Haare ausgeblichen, und vom vielen Lachen mit unseren Zeltnachbarn bekamen wir Muskelkater im Bauch. Jeden Morgen fanden wir frische Brötchen an unserem Zelt. Am dritten Tag zeigten wir Mitleid, als Robert und Basti eine ihrer Konservendosen öffneten, um zu Abend zu essen. Wir ließen uns erweichen und kochten für uns vier. Ohne es wirklich zu merken, verbrachten wir fast den gesamten Urlaub miteinander.

Ich versuchte Roberts Liebesgeständnis zu verdrängen. Wenn es nach mir ginge, sollten unsere beiden Urlaubsbekanntschaften nichts weiter als gute Kumpel bleiben. Als Sandra und ich wieder in meinem Fiat saßen, um die Heimfahrt anzutreten, ließen wir Songs von Nirvana aus der Anlage dröhnen. Es war die Lieblingsband meiner Freundin, und ausnahmsweise waren mir die Rhythmen weder zu heftig noch zu laut.

Wir kurvten ausgelassen durch Schleswig-Holstein, durchquerten den Elbtunnel und fuhren weiter in Richtung Süden. Hinter Soltau kannten wir jedes Dorf. Hier begann unsere Heimat. Ich stellte mir vor, dass auch Basti und Robert in einer Woche auf dieser Straße zurück nach Hause fahren würden. Es war wirklich merkwürdig, dass wir uns vorher nie begegnet waren.

Sandra und ich plauderten und lachten so ausgelassen über unsere Ferienerlebnisse, dass wir die richtige Autobahnabfahrt verpassten und beinahe in Hannover landeten. Als wir durch unseren kleinen Abstecher eine Stunde später als erwartet bei meinen Eltern eintrafen, war ich bester Laune. Und als meine Mutter mich dann auch noch mit einer Postkarte aus Sylt begrüßte, die am selben Tag eingetroffen war, kam ich aus dem Dauergrinsen nicht mehr heraus. Die Karte zeigte eine Luftaufnahme der Dünenlandschaft mit dem Campingplatz.

Liebe Katja,
schade, dass ihr nicht mehr hier seid. Wir vermissen
eure tolle Musik. Es ist langweilig ohne euch.
Eure Jungs

Dort, wo unser Zelt stand, hatte Robert ein Herzchen auf die Karte gemalt. Ich lachte laut auf.

»Von wem kommt denn der Urlaubsgruß?«, wollte meine Mutter wissen.

»Von zwei Jungs, die wir auf Sylt kennengelernt haben. Stell dir vor, sie kommen aus unserer Gegend. Der eine ist total lustig.«

Die Karte passte irgendwie zu Robert. Ich hatte keinen Zweifel daran, dass er sie geschrieben hatte. Als ich die Zeilen noch einmal las, vermutete ich, dass es sein letztes Lebenszeichen an mich war. Bestimmt hatten Basti und er inzwischen neue Urlaubsbekanntschaften geschlossen und würden uns vergessen.

Doch da kannte ich sie schlecht. Die beiden brachen ihren Urlaub vorzeitig ab, und Basti rief mich zwei Tage später an, damit wir vier uns verabredeten. Und so trafen Sandra und ich sie schon bald im Kino und immer häufiger in Cafés.

Basti und ich verstanden uns prächtig. Wir konnten über alles reden, und nicht selten blockierten unsere Gespräche über Stunden hinweg das heimische Telefon. Immer häufiger lenkte Basti dabei das Gespräch auf Robert.

»Katja, du kannst mir glauben, Robert ist wirklich ein toller Typ. Er redet nur noch von dir. Und ihr passt perfekt zusammen. Den ganzen Tag hört er die Musik, die dir auf Sylt so gut gefiel. Er würde alles für dich tun. Wirklich, er meint es ernst. Ich kenne ihn. Gib ihm eine Chance.«

»Aber ich bin nicht verliebt in ihn.«

»Weil du es nicht willst. Und weil du denkst, er ist wie dieser andere Typ, von dem du mir erzählt hast. Dieser Macho, der dich enttäuscht hat. Du schaust Robert ja nicht mal an. Dabei habt ihr so viele gemeinsame Interessen. Du tanzt doch gern. Robert auch. Er würde sofort einen Tanzkurs mit dir machen.«

»Und warum sagt er mir das nicht selbst?«

»Weil du immer so desinteressiert bist. Du nimmst ihn doch nicht mal richtig wahr. Außerdem ist er ein wenig schüchtern.«

Vielleicht hatte Basti ja recht, und ich sollte Robert eine Chance geben.

Wenige Wochen später war es um mich geschehen. Ich verliebte mich tatsächlich in Robert. Basti sei Dank: Es war perfekt! Plötzlich gab es kein Halten mehr, und meine Gefühle überrollten mich förmlich. Ich dachte nur noch an ihn und zählte die Tage und Stunden bis zum nächsten Beisammensein. Robert war lustig, aufmerksam und romantisch. Wenn er mich anschaute, dann kribbelte es in meinem ganzen Körper. Ich wollte keine Sekunde mehr ohne ihn sein.

An den Abenden standen unsere Telefone kaum noch still. Er lud mich zu seinen Eltern ein, wo ich feststellen musste, dass Basti dort ein Ersatzzuhause gefunden hatte. Der Freund kam jedes zweite Wochenende aus Bremen zu Besuch, wo er eine Ausbildung machte. Meistens waren wir von Freitagabend bis Sonntag unzertrennlich. Anfangs fand ich es lustig, wie eng Robert und Basti zusammengluckten, und da ich nun mit von der Partie war, verbrachten wir meist kurzweilige Tage zu dritt. Wie in meinem eigenen Zuhause standen auch bei Robert die Türen für Besucher weit offen. Das harmonische Familienleben bei seinen Eltern war ganz nach meinem Geschmack.

Schon bald meldeten Robert und ich uns zu einem Tanzkurs an und genossen unser gemeinsames Hobby. Wir waren beide keine Anfänger mehr, sondern stiegen in den Bronze-Kurs für Geübte ein. Robert war geschickt und galant, aber zunächst wollte ich mich seiner Führung nicht gänzlich ergeben. Erst als ich am zweiten und dritten

Abend meine Verweigerung aufgab und mich von ihm lenken ließ, verschmolzen wir zu einem ansehnlichen Tanzpaar. Sobald der Discofox auf dem Programm stand und aus den Lautsprechern *Love is in the Air* erklang, schwebte ich förmlich dahin. Davon hatte ich geträumt: einem Mann, der mich liebt, und dazu noch ein Leben im vertrauten Umfeld.

Ich war glücklich im Hier und Jetzt und strebte weder nach der großen weiten Welt noch nach irgendwelchen Abenteuern. Der Nachbarort war mir genug, denn dort lebte mein Liebster mit seiner Familie. Immer häufiger war ich bei ihnen zu Besuch, selbst wenn Robert mal nicht zu Hause war. Ich verstand mich prächtig mit seiner Mutter und ging ihr in der Küche und im Garten zur Hand. Seinem Vater half ich beim Pflastern des Hofes. Es war beinahe so, als gehörte ich zur Familie.

Als Roberts Eltern mich an Heiligabend einluden, war ich gerührt. Nachdem zunächst in meinem Elternhaus gefeiert worden war, fuhr ich später am Abend noch für eine Stunde zu ihnen. Das erschien mir als schönstes Zeichen für die Zukunft.

Auch meinen Eltern gefiel Robert auf Anhieb. Wann immer er wollte, war er ein willkommener Gast in unserer Familie. Meine beiden älteren Schwestern waren bereits von zu Hause ausgezogen, nur unser Bruder lebte noch hier. Als Jüngste von vier Geschwistern war ich das Nesthäkchen.

Oft versammelte sich die Großfamilie bei meinen Eltern, und im Sommer war unsere Terrasse ein beliebter Treffpunkt für uns alle. Meine älteste Schwester Anja war Mutter eines Jungen und eines Mädchens. Im Stillen malte ich mir aus, dass auch Robert und ich eines Tages heiraten und eine eigene Familie gründen würden.

Als unser erster Bronze-Tanzkurs beendet war, meldeten

wir uns sofort zum Silber-Kurs an. Unser gemeinsames Hobby schweißte uns noch enger zusammen. Wir verpassten keine Stunde.

So gern ich Basti auch mochte, so wurde es mir nach einer Weile dann doch zu viel mit seinen Wochenendbesuchen bei Robert. Die beiden waren beinahe unzertrennlich, und sobald sein Freund da war, teilte Robert seine Aufmerksamkeit auf ihn und mich auf. In gewisser Weise musste ich zurückstecken, denn die beiden waren wie Kletten, die nicht voneinander ließen. Es gab Momente, in denen ich mir fast wie eine Nebenbuhlerin vorkam. Wenn wir gemeinsam ausgingen, hieß es nur noch: *Katja mit ihren beiden Männern.* Anfangs amüsierte ich mich darüber, aber irgendwann hatte ich genug von unserer Dreierkonstellation. Ich stellte Robert zur Rede, und seine Antwort schockierte mich.

»Wie soll ich mich zwischen meinem besten Freund und meiner Freundin entscheiden? Das geht nicht. Wenn Basti aus Bremen zu Besuch kommt, will ich selbstverständlich etwas mit ihm unternehmen. Ich kenne ihn schon ewig, viel länger als dich. Er ist mein bester Freund, verstehst du?«

»Das heißt, du entscheidest dich für ihn?«

»Ich entscheide mich für euch beide. Das muss doch möglich sein.«

Mir blieb nichts anderes übrig, als mich zu fügen und zu gedulden.

Allerdings gab es da noch die vielen Mädchen aus Roberts Schule, die mir Sorgen bereiteten. In seinem Leistungskurs Deutsch waren über ein Dutzend Mitschülerinnen und nur ein Mitschüler. Für Klausuren und Referate übte er tagelang mit den Mädchen, und mir platzte manches Mal der

Kragen, so eifersüchtig war ich. Weshalb er ständig mit den Tussis beisammenhockte, wollte ich von Robert wissen, und ob es keine Jungen gebe, mit denen er lernen könne. Immer häufiger kam es zu Streitereien zwischen uns, und Robert reagierte zunehmend genervt auf meine bohrenden Nachfragen und Spekulationen.

Unsere Auseinandersetzungen liefen meistens nach dem gleichen Muster ab. Ich ging ihm auf die Nerven, obwohl ich eigentlich nur meine Liebe beweisen wollte.

»Aber ich liebe dich, Robert. Da ist es normal, dass ich immer mit dir zusammen sein möchte und keine Lust auf deine Klassenkameradinnen habe.«

»Ich habe doch auch nichts dagegen, wenn du andere Jungen triffst. In deinem Job hast du auch mit Männern zu tun. Darüber habe ich mich nie beschwert.«

»Dazu hast du auch keinen Grund. Ich bin dir absolut treu. Ich denke nicht mal an andere Männer. Und du sollst mir auch treu sein. Nichts weiter.«

»Das bin ich doch. Ich habe überhaupt kein Interesse an anderen Mädchen. Aber ich möchte mich auch in Zukunft mit meinen Mitschülerinnen treffen.«

»Du und deine blöden Mädchen, alle blond, schlank und ach so schlau und so lustig. Was glaubst du, wie ich mich fühle, wenn ich bei der Arbeit bin und daran denke, wie du mit einer Horde Tussis zusammen bist?« Ich steigerte mich in meine Eifersucht hinein, als wäre es das Schlimmste auf der Welt, dass Robert mit seinen Mitschülerinnen Zeit zum Lernen verbrachte. Wie naiv ich doch war.

»Was ist nur in dich gefahren, Katja?«, wehrte sich Robert. »Ich will mein Abitur machen. Dafür gehe ich zur Schule und teile das Klassenzimmer mit meinen Mitschülerinnen und Mitschülern. Und ja! Wir lernen zusammen. Daran kann ich absolut nichts falsch finden.«

»Und wenn du fremdgehst?«
»Gehe ich aber nicht.«

Als dann noch eine Klassenfahrt anstand, wurde ich verrückt vor Eifersucht. Robert fuhr mit seiner gesamten Oberstufe nach Italien. Ich drehte durch, und schon beim ersten Telefonat kam es zum Knall.
»Na, bist du schon fremdgegangen?«
»Katja!? Wir saßen vierundzwanzig Stunden im Zug und sind grad angekommen! Wie kann ich da ... Ach, was soll's, hat ja doch keinen Zweck«, sagte er und legte auf. Meine Verzweiflung war unermesslich.

Als er endlich zurückkam, schien der Ärger vergessen, und wir erlebten eine harmonische Zeit. An einem schönen Spätsommerabend im September erzählte ich ihm von meinem Traum, eines Tages eine Familie mit ihm gründen zu wollen. Er streichelte meine Hand und sagte nichts dazu.

Wenig später gingen wir gemeinsam mit seinen Eltern essen. Das taten wir häufiger, und ich hatte das Gefühl, alles sei wunderbar und könne immer so bleiben. Ich griff nach Roberts Hand und hielt sie ganz fest. In letzter Zeit lief es wirklich gut zwischen uns. Ich lächelte und fühlte mich glücklich. Doch dann kam ein Mädchen aus Roberts Jahrgang ins Lokal. Während sie zu einem der Nachbartische ging, entdeckte sie uns und warf meinem Freund einen vielsagenden Blick zu.

»Das ist doch die Tussi, die so scharf auf dich ist. Jetzt rennt die dir schon hinterher«, zischte ich.

»Katja, du spinnst.«

»Warum ist sie wohl sonst hier und starrt dich an? Merkst du das denn nicht? Sie will was von dir!«

»Sie starrt nicht, sondern sie schaut herüber, weil sie mich kennt. Wir besuchen seit zwei Jahren denselben Leistungskurs, und jetzt weiß ich kaum, ob ich sie in deiner Anwesenheit überhaupt grüßen darf. Das ist doch nicht normal. «

Seine Eltern schauten erschrocken auf.

»Und genau dazu habe ich keine Lust mehr«, legte er nach.

»Glaubst du etwa, mir macht es Spaß, meinen Freund mit einer Horde Mädchen zu teilen?«

»Jetzt hör endlich auf!«

Da war sie wieder, eine unserer Auseinandersetzungen um andere Frauen. Meine Angst vor potenziellen Nebenbuhlerinnen lauerte permanent unter der Oberfläche. Ich hatte ja keine Ahnung, welcher Horror und welches Leid in meinem Leben noch auf mich zukommen würden. Und so saß ich da und drehte fast durch, wenn ich mir vorstellte, wie Robert als Hahn im Korb in seinem Leistungskurs saß.

»Jetzt glotzt sie schon wieder zu dir herüber.«

»Komm mal bitte mit mir nach draußen«, sagte er. Als er aufstand, ging ich ihm nach. Draußen zeigte er eine ernste Miene und holte tief Luft.

»Das geht so nicht weiter. Ich habe wirklich keinen Bock mehr, mir überlegen zu müssen, ob ich eine Klassenkameradin grüße oder besser nicht, ob ich mit ihr sprechen darf oder nicht. Oder ob ich damit sofort riskiere, eine deiner schnippischen Bemerkungen einzufangen. Es nervt nur noch. Wie oft haben wir diese Diskussion schon geführt?«

»Aber ich liebe dich doch und du mich auch. Oder etwa nicht?« Plötzlich wurde mir kalt. »Robert, bitte sag etwas.«

»Katja, ich habe dich lieb, aber ich kann nicht mehr. Ich fühle mich eingeengt und kontrolliert, dabei gibt es überhaupt keinen Grund für deine Eifersüchteleien. Wenn ich ehrlich bin, dann möchte ich lieber wieder allein sein. Wir sollten uns trennen. Es funktioniert nicht mehr.«

»Wir uns trennen? Aber nein! Nur wegen der Mädchen und wegen Basti? Du kannst ihn so oft treffen, wie du möchtest. Das schwöre ich dir«, schluchzte ich.

»Mit Basti hat es nur am Rande zu tun. Ich brauche meine Ruhe.«

Liebeskummer

Kaum ein Jahr nachdem ich mich unsterblich in ihn verliebt hatte, machte Robert plötzlich Schluss und zerstörte
auf einen Schlag all meine Hoffnungen und Pläne. Ich verstand die Welt nicht mehr. Meine große Liebe ließ sich
nicht umstimmen. Gleichgültig, was ich ihm versprach,
er wollte nicht mehr. Ich schwor ihm Zurückhaltung in
meinen Reaktionen, wollte meine Eifersucht zügeln, aber
er ließ es auf keinen weiteren Versuch mehr ankommen. Er
hatte genug von mir.

Ich war am Boden zerstört. Meine Eltern und Schwestern versuchten mich zu trösten, und selbst Roberts Eltern
hatten Mitleid. Alle bedauerten unsere Trennung. Meine
Mutter wurde nicht müde zu betonen, wie gut wir doch
zusammenpassten. Sie fragte immer wieder nach, was genau vorgefallen war. Ihr schien keine Erklärung schlüssig:
In ihren Augen waren wir ein Paar fürs Leben. Andere
Vorstellungen ließ sie nicht zu. Ich sah es ähnlich und
brach jedes Mal in Tränen aus, wenn sie davon anfing.

Der Liebeskummer zermarterte mich. Unser beider
Eltern trösteten mich mit einer vagen Formulierung: *Vielleicht ist jetzt noch nicht die richtige Zeit für euch.*

Um mich ein wenig abzulenken, spielte ich wieder Fußball. Mit dem Sport hatte ich als Schülerin begonnen. Gemeinsam mit meiner Teampartnerin Ina besuchte ich zusätzlich noch ein Fitnessstudio. Einmal lauerte ich Robert in der Stadt auf und tat, als wären wir uns zufällig über den Weg gelaufen, aber über ein knappes Gespräch kamen wir nicht hinaus. Als ich ihn schließlich fragte, ob er mit mir den Tanzkurs Gold absolvieren wolle, nachdem wir bereits Bronze und Silber erfolgreich beendet hatten, willigte er jedoch ein. In mir keimte sofort Hoffnung auf.

Im Oktober hatte er sich von mir getrennt, und im Januar begann der Tanzkurs. Zunächst schien alles gut zu gehen. Wir plauderten über Belanglosigkeiten und konzentrierten uns auf die neuen Schritte. Die anderen Kursteilnehmer mussten denken, wir wären noch immer ein Paar. Doch als dann ein romantisches Lied gespielt wurde und ich meinen Kopf an Roberts Schulter legte, brach ich unvermittelt in Tränen aus. Alle starrten zu uns herüber, und ich konnte nur noch wegrennen. Hals über Kopf steuerte ich auf den Ausgang zu und sah noch, wie Robert von allen Seiten vorwurfsvolle Blicke einfing, als hätte er mir etwas angetan.

Nach diesem Auftritt vermied Robert beim Tanzen unnötige Berührungen oder gar Zärtlichkeiten. Bald kam mir zu Ohren, dass er eine neue Freundin hatte. Ich versuchte mich mit immer mehr Sport abzulenken. Während unseres Übungsprogramms im Fitnessstudio arbeiteten Ina und ich nebeneinander an den Geräten und plauderten über Gott und die Welt. Oft gesellte sich ein deutlich älterer Mann dazu, der sich gern die Zeit mit uns vertrieb. Wenn wir ins Reden kamen und über meinen Liebeskummer sprachen, war das Training weniger mühsam. Ina und unser Sportsfreund Matthias versuchten mich aufzuheitern, wenn ich den Kopf hängen ließ und an Robert dachte.

Matthias machte sich eine Menge Gedanken über meine schlechte Stimmung.

»Du bist eine hübsche, sportliche Frau, wie kannst du da monatelang Trübsal blasen? Du solltest dich lieber amüsieren. Ich habe einen Freund, der würde gern mal mit dir ausgehen.«

»Ich will nichts mehr von Männern wissen«, erwiderte ich, denn ich hatte absolut keine Lust auf seine Schmeicheleien. Und hübsch fand ich mich nun wirklich nicht, eher im Gegenteil. Mich wunderte es jedes Mal, wenn mir ein Mann hinterherschaute. Ich war nichts Besonderes, ein durchschnittliches Mädchen vom Lande, nicht hässlich zwar, aber weit davon entfernt, als hübsch zu gelten.

»Mein Freund ist ein ganz Netter und Vernünftiger.«

»Die Sprüche kenne ich. Nein danke, kein Bedarf.«

»Triff dich doch einfach mal mit ihm. Ihr könnt zusammen ausgehen, ein wenig tanzen. Ganz unverbindlich. Er wohnt in Stuttgart, ist aber häufig hier bei seinen Eltern zu Besuch. Er stammt aus unserer Gegend.«

»Nein.«

»Er sieht gut aus«, sagte meine Freundin plötzlich.

»Kennst du ihn etwa?«, fragte ich Ina und runzelte die Stirn.

»Nein«, sagte sie, »aber Matthias hat ein Foto dabei. Wie Andre Agassi.«

»Ein Glatzkopf? Das wird ja immer besser. Ach, was frage ich überhaupt? Der Typ ist mir sowieso egal. Lasst mich in Ruhe damit.«

Doch es hörte nicht auf. Immer wieder fragten sie mich, ob ich *Agassi,* wie sie ihn scherzhaft nannten, nicht endlich kennenlernen wollte. Angeblich sei er auch ein guter Tänzer. Nach drei Wochen hatten sie mich schließlich überredet, und ich telefonierte mit dem Unbekannten. Er hieß Kai und amüsierte mich bereits beim ersten Gespräch.

Das Telefonieren tat mir gut. Kai schien schon einiges erlebt zu haben, er war viel gereist und gehörte glücklicherweise nicht zu den Schuljungen, die sich noch austoben müssen. Im Gegenteil, er war berufstätig, arbeitete in einem *großen Unternehmen,* wie er sich ausdrückte, und stand offenbar mitten im Leben. Am Telefon machte er wirklich einen guten Eindruck, und seine lustigen Sprüche brachten mich zum Lachen. Genau wie ich war er an Sport interessiert und nahm sogar an Wettkämpfen teil. Seit Jahren spielte er Golf und Tennis, fuhr im Winter Ski und war ein ambitionierter Läufer. Ich war beeindruckt.

Einen Monat lang telefonierten wir regelmäßig miteinander, und immer häufiger schickten wir uns SMS-Nachrichten. Dadurch erfuhr ich auch, dass sein Name anders geschrieben wurde, als ich anfangs dachte: Cay. Das fand ich mindestens genauso exotisch wie seine Formulierung am Ende jeder Nachricht: *Der Cay.*

Bald kam es mir so vor, als würde ich ihn schon länger kennen. Wir tauschten Fotos aus und fanden auch optisch Gefallen aneinander. Als er bei seinen Eltern zu Besuch im Norden war, verabredeten wir uns am Bahnhof miteinander. Ich war aufgeregt, denn es war mein Premierentreffen mit einem quasi Unbekannten. Ein ganz übler Kerl konnte er eigentlich nicht sein, sagte ich mir, schließlich war der nette Matthias sein Freund.

Cay fuhr mit einem Mini Cooper vor, stieg aus, begrüßte mich mit zwei Wangenküssen und lachte. Im ersten Moment war ich erschrocken. Es war kalt, und er trug zu seiner schwarzen Lederjacke eine schwarze Wollmütze, die er tief ins Gesicht gezogen hatte, wodurch er einen finsteren Eindruck machte. Wir standen nebeneinander auf dem Parkplatz beim Bahnhofsgelände, und ich musste mir kurz zureden, dass wirklich alles in Ordnung sei und ich keine Bedenken haben müsse.

»So, da bin ich!«, sagte er. Zumindest seine Stimme klang vertraut. Ich lächelte und wusste nicht, wie ich reagieren sollte.

»Was wollen wir machen, Katja? Hast du einen Vorschlag?«

»Ich kenne ein Lokal in der Nähe, nur zehn Minuten mit dem Wagen. Wollen wir dorthin?«

»Gern, fährst du vor, und ich bleibe dran?«

»Gut.«

Als wir den Parkplatz erreichten, stand Cay in Windeseile vor meinem Auto und half mir mit einer galanten Geste beim Aussteigen. Ebenso routiniert hielt er mir die Tür zum Lokal auf und nahm mir den Mantel ab. Als er sich endlich selbst aus seiner Winterkleidung geschält hatte, sah er wesentlich sympathischer aus. Ich fand ihn sogar ausgesprochen attraktiv. Schlank, rank und sportlich, akkurat rasiert, gut gekleidet und mit einem hübschen Lächeln. Wie hatte mich der erste Eindruck nur so täuschen können?

Die Bestellung erledigte er routiniert, führte ein nettes Gespräch mit der Kellnerin, erkundigte sich nach dem Wein und fragte mich zweimal, ob ich auch wirklich keine Vorspeise wolle. Cay wirkte konzentriert und vollkommen Herr der Lage. Das imponierte mir, denn ich selbst war noch immer verunsichert über dieses Treffen.

Die Zeit verging wie im Flug. Wir plauderten über Sport, unsere norddeutsche Heimat, seine Wahlheimat Stuttgart und den schwäbischen Dialekt, den er lustig imitieren konnte.

»Was ich dich noch fragen möchte, Cay«, entfuhr es mir. »Warum wird dein Name C-A-Y geschrieben und nicht K-A-I wie normalerweise? Steht es wirklich so in deinem Pass?«

»Ja, natürlich. Es ist mein Name. Ist doch viel interessanter als K-A-I. Meine Eltern wollten mir etwas Besonderes mitgeben, schon gleich nach der Geburt. Das ist ihnen gelungen. Und auch sonst bin ich ein ganz Toller«, sagte er mit einem schelmischen Grinsen, das mich sofort zum Lachen brachte. Dieser Mann war sicher nie um eine Antwort verlegen. Cay! Warum nicht?

Bald waren wir die letzten Gäste im Lokal.

»Katja, ich muss dir noch etwas sagen.«

Sein ernster Ton alarmierte mich. Jetzt kommt seine Kehrseite zum Vorschein, dachte ich plötzlich. Nun wird er mir erzählen, dass er verheiratet ist und Kinder hat. Irgendetwas musste doch faul sein.

»Du denkst, ich bin dreißig Jahre alt, also acht Jahre älter als du. Aber das stimmt nicht ganz. Es sind schon einige mehr.«

Verdutzt schaute ich ihn an. Wie alt mochte er sein? Lichtes Haar zeigte sich doch auch schon bei ganz jungen Männern.

»Es sind keine acht und auch keine zwölf Jahre, sondern sechzehn.«

Ich schluckte. Sechzehn Jahre? Das gefiel mir ganz und gar nicht. Damit war er deutlich älter als meine große Schwester, die mir als Kind immer wie eine Erwachsene vorgekommen war. Dabei war sie bloß zehn Jahre älter als ich. Sechzehn Jahre erschienen mir wie eine Ewigkeit.

»Warum hast du mir das nicht gleich gesagt? Am Telefon, meine ich.«

»Weil ich dachte, dass du mich dann vielleicht nicht treffen möchtest. Du bist noch so jung.«

»Begeistert bin ich wirklich nicht davon.«

»Aber es ist dir auch nicht aufgefallen.«

»Dass du um einiges älter bist, war doch klar. Aber du hast dich gut gehalten, das muss ich schon sagen.«

»Gute Pflege«, grinste er.

»Und wie macht man das?«

»Viel Sport, eine ausgewogene Ernährung, wenig Alkohol, frische Luft. Ich lebe gesund und halte mich fit.«

Im Stillen war ich froh, dass er mir bereits jetzt sein wahres Alter *beichtete*. Alles andere hätte ich nicht so einfach entschuldigen können. Bei genauerer Betrachtung entdeckte ich, dass ihm bereits deutlich die Haare ausgingen. Deshalb trug er sie wohl so extrem kurz.

Na ja, dachte ich, das geht auch einem André Agassi nicht anders, dabei ist der sogar fünf Jahre jünger als Cay.

Als die Kellnerin kam, übernahm er wie selbstverständlich die Rechnung und zog einige Scheine aus seiner Hosentasche.

Bevor ich mich beim Abschied in meinen Fiat setzte, küsste er mich vorsichtig auf den Mund, und ich ließ es geschehen. Auf dem Heimweg hämmerte mein Herz wie wild. Aufgewühlt und verwirrt fragte ich mich, was ein derart erfahrener und deutlich älterer Mann von einer unscheinbaren jungen Frau wie mir überhaupt wollte. Mit mir konnte man keinen Staat machen, ich war weder besonders attraktiv noch interessant, und dieser Cay hatte schon so viel gesehen und erlebt. Irgendwie konnte ich es nicht fassen. *Was will der nur von mir?*

Während der nächsten zwei Wochen telefonierten wir noch häufiger als sonst. Wegen unseres Altersunterschieds blieb ich innerlich jedoch auf Abstand und fragte mich, ob eine Beziehung zu einem reifen Mann wirklich das Richtige für mich war. Ich musste mir allerdings eingestehen, wie sehr sein Interesse mir schmeichelte. Sollte ich es auf einen Versuch ankommen lassen? Meine Gedanken drehten sich ständig um diese eine Frage.

Während ich keine Antwort darauf fand, schien Cay wie stets einen Plan parat zu haben, den er offen und gut gelaunt präsentierte.

Als er mich auf seine galante Art fragte, ob er mich für das kommende Wochenende zu sich nach Stuttgart einladen dürfe, kam meine Antwort prompt. Ja!

Neugierig, wie ich war, willigte ich sofort ein. Irgendetwas reizte mich an diesem Cay, wenn ich auch weit davon entfernt war, mich zu verlieben. Er war so anders als die Jungen, die ich bislang kennengelernt hatte.

Cay wohnte in einer Dachgeschosswohnung außerhalb der Stadt. Mir gefiel es dort auf Anhieb. Sein Appartement wirkte durch die Holzbalken und das hübsche Mobiliar wie ein gemütliches Nest. Das Badezimmer zeigte mir, dass auch ein alleinstehender Mann Ordnung halten kann. Wir verbrachten ein schönes Wochenende miteinander, und meine Neugier auf *den Cay* und die fremde Stadt wurde immer größer.

Bereits Mitte der folgenden Woche machte er mir am Telefon einen weiteren verlockenden Vorschlag.

»Liebe Katja, ich möchte dir zwei Fragen stellen. Auf die erste darfst du mit *Nein* antworten, die zweite musst du mit *Ja* beantworten. Bitte versprich es mir!«

»Was soll ich versprechen? Was möchtest du fragen?«, wollte ich wissen und musste sofort loslachen. Ihm fiel auch immer etwas Verrücktes ein.

»Kennst du eigentlich Frankfurt?«

»Ich? Nein, überhaupt nicht.«

»Siehst du, und ich kenne die Stadt auch viel zu wenig und möchte sie mir genauer anschauen. Das ist mit dir zusammen viel schöner als allein. Ich sehe uns beide schon durch die Straßen bummeln und am Main spazieren gehen. Möchtest du dich dort mit mir treffen?«, fragte er, und ich musste nicht lange überlegen. Etwas Abwechslung konnte mir sicher nicht schaden, denn seit dem letzten Sommer war ich quasi nicht mehr rausgekommen.

»Ja!«

Wenig später schickte er ein Fax in die Arztpraxis, in der ich arbeitete. Es handelte sich um die Buchung meiner Bahnfahrkarte und eine passende Zugverbindung.

In Frankfurt wartete mein Verehrer am Bahnsteig und zeigte sich während des gesamten Wochenendes von seiner besten Seite. Er hatte alles perfekt organisiert. Am Samstag fuhren wir auf Inlineskatern am Mainufer entlang. Sobald ich Appetit verspürte, saßen wir auch schon in einem netten Restaurant. Cay kümmerte sich um alles. Ich musste mich nur noch fallen lassen. Bei einem romantischen Dinner bekam ich das Gefühl, meinen Liebeskummer um Robert überwinden zu können.

Alles ging plötzlich so schnell. Nie zuvor war ich derart viel unterwegs gewesen. Im Stillen musste ich mir eingestehen, dass ich mit meinem älteren Freund und den ständigen Reisen auch meinem Freundeskreis imponieren wollte: *Schaut her! Die kleine Katja hat einen reiferen Mann an der Seite, der sie lieb hat, verwöhnt und umschwärmt. Ich verbringe alle paar Wochenenden in einer anderen Stadt.*

Auch meine Familie bekam eine neue Seite ihres *Nesthäkchens* zu sehen. Und außerdem war mein abenteuerliches Leben die perfekte Ablenkung vom Trennungsschmerz, der noch immer in mir stach.

Beim nächsten Besuch in Norddeutschland holte Cay mich eines Abends von der Tanzstunde ab, wo ich noch immer gemeinsam mit Robert einen Kurs besuchte. Inzwischen versuchten wir einen freundschaftlichen Umgang miteinander, was mir nicht immer leichtfiel, aber schließlich blieb mir nichts anderes übrig. Von Robert gab es nicht das kleinste Anzeichen von Interesse an einer Partnerschaft mit mir. Immerhin funktionierte das gemeinsame Tanzen problemlos.

Als ich Cay in der Eingangshalle entdeckte, ging ich im Schnellschritt auf ihn zu, umarmte ihn überschwänglich und gab ihm einen Kuss, insgeheim in der Hoffnung, dass Robert es sah und hoffentlich eifersüchtig wurde. Aber mein Exfreund grüßte nur freundlich, und dann gaben die beiden sich sogar die Hand. Sie standen nebeneinander, und dieser Anblick verwirrte mich. Cay gefiel mir, aber ich liebte Robert immer noch. Ich sollte den Verlust endlich überwinden, sagte ich mir, denn ganz offensichtlich gab es kein Zurück mehr.

Die beiden konnten kaum unterschiedlicher sein. Cay war – wie stets – modisch gekleidet, bestens gelaunt und vor Energie strotzend. An seiner Seite musste man sich regelrecht anstrengen mitzuhalten. Er war eben ein richtiger Mann! Robert hingegen trug eine tief sitzende Jeans zum Kapuzenpulli. Er war mitten im Abiturstress und wirkte abwesend. Seine neue Freundin dürfte derzeit wenig Freude an ihm haben, dachte ich bei mir.

Mein neuer Freund

Am Anfang war ich nicht in Cay verliebt. Zum Verliebtsein gehörte für mich neben Schmetterlingen im Bauch und Herzklopfen bis zum Hals auch der Glaube an eine gemeinsame Zukunft, und die konnte ich mir mit Cay noch nicht vorstellen. Wir lebten in den Tag hinein oder, besser gesagt, von einem Wochenende zum nächsten.

Als Cay wieder einmal nach Norddeutschland kam, beschloss ich, ihn meinen Eltern vorzustellen. Dieses Zusammentreffen war ohnehin unumgänglich, denn schließlich wollte er auch bei mir übernachten. Bei seinen Eltern, die nur wenige Kilometer entfernt wohnten, wäre ein gemeinsames Übernachten auf *keinen Fall* möglich, betonte er. Bisher kannte ich weder seine Familie, noch war er bei meinen Eltern vorstellig geworden. Wir hatten uns immer allein getroffen und waren uns genug gewesen. Doch nun war es so weit. Ich machte ihm die Hintertür auf, und schon stand er meiner Mutter gegenüber.

»Guten Tag. Ich bin der Cay«, sagte er und gab ihr die Hand.

»Guten Tag.«

Cay war elegant gekleidet, und ich sah, wie meine Mutter ihn musterte und offenbar überrascht von seiner Erscheinung war. Cay sah wirklich attraktiv aus, ein Mann, der auf passende Schuhe und gut sitzende Hosen und Hemden achtete. Er war kein Oberschüler mit überweiten Jeans und hängenden Schultern. Hier stand ein weltgewandter Mann, der nun auch meinem Vater die Hand gab.

»Wie geht es Ihnen?«, grüßte er förmlich, und meine Mutter schaute mich an. Irgendetwas schüchterte sie ein. Bald verschwand sie in der Küche und kochte einen Kaffee.

»Lass mal, Mama, wir bleiben nicht lange.«

»Doch, doch. Setzt euch hin.«

Mein Vater war gesprächiger, aber auch mit ihm stockte die Unterhaltung. Seltsamerweise hielt Cay sich mit lustigen Sprüchen zurück. Das war ich nicht von ihm gewohnt, war er doch immer Herr der Lage und mitreißend in seinen Anekdoten, die er sonst so gern zum Besten gab. Jetzt aber wirkte er gerade so, als sei er in einer fremden Welt gelandet und müsse sich erst einmal orientieren. Ich sah, wie er sich unauffällig umschaute. Mein Vater war Schlosser, und in unserem Einfamilienhaus hatte er vieles selbst gebaut und im Laufe der Jahre erweitert. Im Garten gab es Gemüsebeete und Obstbäume. Die Nachbarn in der Siedlung lebten in ähnlichen Häusern mit großen Gemüsegärten.

Von dem Altersunterschied zwischen Cay und mir wusste meine Mutter bereits. Auch wenn sie davon nicht begeistert war, so musste sie doch einräumen, selbst acht Jahre jünger als mein Vater zu sein.

Es wollte kein richtiges Gespräch aufkommen, und ich vermutete, dass meine Mutter immer noch Robert hinterhertrauerte und sich deshalb Cay gegenüber so reserviert gab. Mit Robert hatte sie sich immer wie mit einem Sohn unterhalten. Cay gegenüber blieb sie steif.

Auch mir fiel nichts ein, um die Unterhaltung in Schwung

zu bringen. Bisher hatte ich Cay noch nie sprachlos erlebt. Es musste doch ein Thema geben, das zumindest beide Männer interessierte.

»Wir haben noch einen Termin«, sagte Cay schließlich und schaute mich an.

»Ja, wir gehen auf den Golfplatz. Cay möchte eine Runde spielen«, pflichtete ich ihm bei.

Ich war nie zuvor auf einem Golfplatz gewesen und blickte in das verwunderte Gesicht meiner Mutter. Das war das i-Tüpfelchen, überlegte ich. Cays elegantes Auftreten und dann auch noch ein Besuch auf dem Golfplatz. Das war eine Welt, mit der wir nichts zu tun hatten. Bis zu jenem Tag wusste ich kaum, wo der Golfplatz sich überhaupt befand.

»Ja … äh, gut, viel Spaß«, sagte sie zum Abschied.

»Tschüß, bis später oder bis morgen. Kann spät werden. Wir gehen abends noch in die Stadt, ein paar Freunde treffen«, sagte ich und war froh, als wir endlich draußen waren.

Cay verlor kein Wort über die Begegnung. Eigentlich fand ich es auch ganz normal, wenn beim ersten Kontakt nicht alles rund lief. Alle mussten sich schließlich erst einmal beschnuppern. Selbst wir beide waren uns doch noch fremd, wie sollte da mit meinen Eltern auf Anhieb eine lockere Plauderei zustande kommen?

Auf dem Golfplatz fühlte ich mich wie im falschen Film. Cay wollte unbedingt eine Runde drehen, auf seinem *Heimplatz,* wie er es nannte. Das Wetter war gut, und der Rasen erfüllte angeblich höchste Ansprüche. Schon beim Ausladen der Ausrüstung und beim Anziehen spezieller Schuhe und Handschuhe staunte ich über das aufwendige Zubehör. Cay wirkte ungemein routiniert und selbstsicher, wie der Herr über den Platz. Gelegentlich warf er anderen

Golfern einen kurzen Gruß zu und konzentrierte sich dann sofort wieder auf seinen Abschlag. Ich hatte überhaupt keine Ahnung vom Spiel und dem ganzen Drumherum, und so erklärte Cay mir zunächst die Regeln und einige Grundbegriffe. Für mich war alles fremd, und immer wieder fragte ich mich im Stillen, wie man sich auf solch einem Platz benimmt. Je mehr ich darüber nachdachte, desto unsicherer wurde ich. Cay schwang seinen Schläger und versuchte mich mit Scherzen bei Laune zu halten. Ich lächelte und fand doch keinen rechten Gefallen an dem Spiel. Minigolf erschien mir wesentlich lustiger, aber das sagte ich Cay natürlich nicht.

Die Runde wollte kein Ende nehmen. Nachdem wir fast zwei Stunden unterwegs waren, winkte er jemandem zu.

»Da hinten ist mein Vater. Hab ich mir doch gedacht, dass er bei diesem Wetter hier ist. Solch eine Gelegenheit lässt Johnny sich natürlich nicht entgehen«, sagte er zu mir.

Das fehlte mir gerade noch! Cays Vater! Über eine mögliche Begegnung hatte er kein Wort verloren. Der Mann kam mit kräftigen Schritten auf uns zu. Sein Teint war gebräunt, und die grauen Haare lugten unter einer Kappe hervor. Je näher er kam, desto stattlicher wirkte er.

Cay stellte mich ihm vor. Ich gab Cays Vater die Hand und wusste nicht, was ich sagen sollte. Er wirkte ungemein seriös und gewandt. Ich verstand nur die Hälfte von dem Gespräch zwischen den beiden und war froh, als ich wieder mit Cay allein war.

»Vielleicht treffen wir meinen Vater später wieder. Ich muss noch etwas von zu Hause abholen«, meinte Cay.

Cays Elternhaus war groß im Vergleich zu meinem Elternhaus und wirkte protzig auf mich. Ob der Hausherr eine hohe Position bekleidete? Ich hatte Cay noch nicht danach gefragt, was sein Vater beruflich machte. Es war mir auch nicht wichtig. Wir parkten den Wagen in der Einfahrt. Hier war er also aufgewachsen.

Ich kannte niemanden, der aus dieser Gegend kam. In unserer Vorortsiedlung lebten Arbeiter und einfache Angestellte, die Familien hatten mehrere Kinder, und die Gärten wurden zum Gemüseanbau genutzt.

Es war niemand zu Hause, und so blieb mir vorerst eine Begegnung mit Cays Mutter erspart. Ich wartete im Esszimmer, während er in einem anderen Teil des Hauses etwas suchte.

Als ich am folgenden Tag allein mit meiner Mutter in der Küche stand, sprach sie mich direkt auf Cay an.

»Ich sage es dir ganz ehrlich. Bei deinem Freund habe ich kein gutes Gefühl.«

»Wieso denn? Was hast du gegen ihn? Du kennst ihn doch überhaupt nicht.«

»Er passt nicht zu uns. Seine ganze Art ist anders.«

»Wenn du ihn besser kennst, wirst du sehen, dass er ein feiner Kerl ist. Er tut mir gut. Wir haben unseren Spaß.«

»Katja, wir wollen doch nur dein Bestes. Dieser Mann ist irgendwie anders.«

»Ja, und genau das finde ich gut.«

Ich ahnte, was sie meinte, aber schließlich war es einzig und allein meine Entscheidung, mit wem ich befreundet war. Mir gefiel es sogar immer besser, dass Cay *anders* und vor allem reifer war.

Mein Vater hielt sich mit Kommentaren zurück, aber ich merkte ihm an, dass er sich einen anderen Mann für mich wünschte. Robert gegenüber kannten sie weder Berührungsängste noch Vorbehalte. Er wäre der perfekte Schwiegersohn gewesen. Einer, der nicht nur zu mir, sondern auch zu ihnen passte. Aber alles war anders gekommen, und nun mussten sie meine Wahl akzeptieren.

Wenig später planten meine Eltern und der Rest der Familie den Sommerurlaub. Sie blätterten in Ferienkatalogen und buchten ein Sommerhaus in Dänemark. Mir kam eine Idee.

»Cay und ich kommen euch an der Nordsee besuchen. Dann lernt ihr ihn besser kennen. Dort sind wir alle beisammen, und ihr könnt euch in entspannter Atmosphäre beschnuppern.«

»Gute Idee«, sagte meine Schwester Anja. »Nach dem, was ich bisher über ihn gehört habe, bin ich wirklich gespannt.«

»Katja, du darfst nicht denken, wir haben etwas gegen deinen Freund: Dein Vater und ich wollen doch nur, dass du glücklich bist und nicht an den Falschen gerätst«, betonte meine Mutter.

Ich wusste, was sie meinte. Mit dem Ehemann von Anja war sie vollkommen einverstanden. Klaus passte in die Familie. Er war ein Schwiegersohn nach ihrem Geschmack, ein kräftiger und handfester Kerl, der meine Schwester liebte und dessen Hauptinteresse der Familie galt.

Genau das hatten meine Eltern sich auch für mich gewünscht. Wenigstens sprach meine Mutter in letzter Zeit seltener von Robert. Aber wenn sie ihn mal zufällig in der Stadt gesehen hatte, konnte sie sich nicht zurückhalten, es mir brühwarm zu erzählen und seine Grüße auszurichten. Im Stillen schien sie sich immer noch Hoffnung auf eine Versöhnung zu machen. Ihr Robert.

»In Dänemark bietet sich die beste Gelegenheit für Cay, die ganze Familie auf einen Schlag zu treffen«, bekräftigte ich.

»Es wird richtig voll im Ferienhaus.«

»Wir brauchen nur eine kleine Ecke zum Schlafen. Für ein Wochenende.«

»Die Zimmer sind ohnehin vergeben, aber im Wohnzimmer lassen sich die Sitzmöbel ausklappen, soweit ich weiß«, sagte Anja.

»Kein Problem. Es wird sich schon etwas finden. Dann ist es also abgemacht?«

»Abgemacht.«

Ferien am Meer

Das Haus lag am Meer, es war noch schöner als im Katalog, und es gab mehr als genug Platz für uns alle: Meine Eltern, meine Schwester Anja mit ihrem Mann und den beiden Kindern, meine zweitälteste Schwester Ramona mit ihrem Freund und dem Baby und mein Bruder Steffen waren bereits einige Tage vor Ort, als Cay und ich am Freitag eintrafen. Ich war gespannt darauf, wie meine Schwestern und der Rest der Familie auf ihn reagierten. Meine Eltern hatten sie sicher schon vorgewarnt.

Cay und ich waren mit meinem alten Fiat unterwegs, um das Gepäck besser transportieren zu können, denn in Cays Mini Cooper passte kaum etwas hinein. Meine Angehörigen saßen auf der Terrasse, als wir vorfuhren. Der Abendbrottisch war gedeckt. Meine Nichte und mein Neffe liefen uns entgegen.

»Katja kommt, Katja kommt. Hurra! Katja!«

Ihre kreischenden Stimmen überschlugen sich, und Cay hielt sich die Ohren zu.

»Guten Abend«, sagte er in die Runde und gab den Erwachsenen kurz die Hand.

Dann setzte er sich auf einen freien Stuhl und schlug eine Zeitung auf. Ich glaubte, nicht richtig zu sehen, aber er las tatsächlich Zeitung. Anja warf mir einen entsetzten Blick zu, aber was konnte ich schon machen?

»Wie war die Fahrt? Habt ihr es gleich gefunden?«, fragte meine Mutter.

»Kein Problem, ja, ja«, stammelte ich und schielte mit einem Auge zu Cay. Ich war hin- und hergerissen zwischen dem Wunsch, dass er sich wohlfühlte, und der Liebe zu meiner Familie. Leicht machte Cay es uns nicht.

»Ich habe Tee gemacht. Möchtet ihr eine Tasse? Oder lieber etwas Kaltes?«

Cay reagierte nicht, und ich fragte mich, was es so Interessantes zu lesen gab, wo wir doch gerade erst angekommen waren und er meine Familie kaum kannte. Aber er ließ sich nicht beirren. Beinahe stoisch versank er in der Lektüre, während Anja mich immer noch fragend anschaute. Ich zuckte mit den Schultern und nahm meiner Mutter die Tassen aus der Hand.

»Wir hatten eine tolle Fahrt, keine Staus, nicht mal im Elbtunnel, alles super«, trällerte ich und berichtete ausführlich von unserer Anreise. Ab und an schaute ich zu Cay, der sich nicht vom Fleck rührte. Seelenruhig schlug er die Seiten um, faltete die Zeitung und schien jeden einzelnen Artikel zu lesen. So konnte er meine Familie schwerlich für sich gewinnen, überlegte ich. Gleichzeitig fand ich sein Verhalten ungeheuer selbstbewusst und cool. Er tat, worauf er Lust hatte. Und wenn er nun mal Zeitung lesen wollte: Warum nicht? Kein anderer würde sich so etwas trauen. Er war eben der Cay.

Das Wetter war schön, und am nächsten Tag packten wir unsere Badesachen und gingen gemeinsam an den Strand. Cay zog seine Sportkleidung an und wollte zunächst eine Runde joggen, wie er es nannte.

»Will er sich denn gar nicht mit uns unterhalten?«, fragte Anja mich, als er hinter den Dünen verschwand.

»Lass ihm ein wenig Zeit. Es ist sicher nicht einfach, als Außenstehender auf eine Großfamilie zu treffen.«

»Was heißt Außenstehender? Ich denke, er ist dein Freund.«

»Ja, schon, aber für ihn ist das alles ungewohnt. Die vielen Kinder und so.«

»Zwei Kinder und ein Baby. Das soll viel sein? Hat er etwas gegen Kinder?«

»Er möchte bloß ein bisschen laufen. Cay trainiert für einen Zehn-Kilometer-Wettkampf.«

»Und dafür kommt er extra mit dir nach Dänemark?«

»Vielleicht ist er kein Familienmensch, so wie wir.«

»Das befürchte ich.«

»Ich kenne ihn doch auch noch nicht so gut. Er kommt aus einer kleineren Familie und hat nur eine Schwester.«

»Na ja, komisch ist es schon, aber Hauptsache, du kommst mit ihm klar«, sagte Anja.

Meine große Schwester sagte immer offen ihre Meinung.

Nach dem Joggen sprang Cay ins Meer und legte sich dann aufs Badelaken, um sich zu sonnen. Es wirkte beinahe so, als habe er einen genauen Plan, wie er *seine* Tage am Meer verbringen wollte. Meine Familie kam bei seinen Überlegungen offenbar nur am Rande vor.

Als es ihm genug war mit dem Sonnenbaden, stand er auf, verabschiedete sich mit knappen Worten und ging zurück zum Ferienhaus.

Meine Schwestern kamen aus dem Staunen nicht mehr heraus.

»Was ist denn mit dem los? Sein Handtuch lässt er auch noch liegen. Das sollst du ihm jetzt hinterhertragen, oder wie ist das zu verstehen?«, wollte Ramona von mir wissen. Sie war entsetzt. Auch mir war Cays Verhalten jetzt ein wenig unangenehm. Was andere über ihn dachten, war ihm offenbar egal. Ich hätte mich so etwas niemals getraut. Mir fehlten schon die Worte, wenn ich seinem Vater überhaupt begegnete. Cay hingegen zog sein Programm durch: Sollten die anderen doch davon halten, was sie wollten.

»Nun reg dich doch nicht auf, Ramona. Was ist so schlimm daran, wenn ich das Handtuch später mitnehme?«

»Der benimmt sich wie ein Pascha, wie ein arroganter Fatzke, wenn du mich fragst. Denk mal an gestern Abend, wie er sich mit der Zeitung breitgemacht hat. Der tickt doch nicht ganz richtig. Denkt er etwa, er sei was Besseres? Meinem Mann würde ich was husten, wenn der sich so benähme«, sagte Anja, und Ramona nickte eifrig.

»Ihr übertreibt«, entgegnete ich.

»Nein, sie übertreiben nicht«, sagte mein Schwager Klaus mit einem Lächeln.

Wenn ich es genau überlegte, dann hatte ich auch noch nie jemanden erlebt, der sich derart eigensinnig verhielt, in unserer Familie schon gar nicht. Auch meine Mutter war unzufrieden, aber sie sagte nichts. Alle schauten mich an, um zu sehen, wie ich reagierte. Ich kam mir vor, als wäre ich ein Prüfling, aber dieser Wochenendurlaub konnte doch wohl kein Prüfstein für mich und meinen neuen Freund sein. Oder etwa doch?

Die kritischen Blicke sprachen eine deutliche Sprache. Mir schien es fast so, als trauten sie mir, der Jüngsten, kein eigenes Urteilsvermögen zu. Ich war kurz davor, eingeschnappt zu sein und abzureisen.

Als wir später das Abendbrot zubereiteten, war Cay wiederum der Einzige, der sich mit keinem Handgriff an den Aufgaben beteiligte. Er setzte sich an die gedeckte Tafel, was mir nun langsam unangenehm wurde. Hätte er nicht wenigstens mal fragen können, ob er etwas helfen durfte? Erst als wir später alle gemeinsam auf der Terrasse saßen, taute er ein wenig auf und beteiligte sich an den Gesprächen. Da aber niemand mit ihm auf Augenhöhe übers Golfspielen sprechen konnte, wurde er schon bald wieder still.

Am nächsten Morgen freute ich mich auf das Frühstück mit meiner Familie, aber Cay machte mir einen Strich durch die Rechnung.

»Lass die anderen doch erst mal frühstücken, wir beide joggen derweil eine Runde. Es ist wunderbar, am Meer entlangzulaufen. Du wirst sehen, wie gut es dir tut.«

»Aber sie warten auf uns.«

»Dann sagst du eben Bescheid. Wir dürfen ja wohl frühstücken, wann wir wollen. Man muss doch nicht immer alles gemeinsam machen.«

»Du hast recht. Frühsport wird uns guttun«, pflichtete ich ihm bei.

Meine Schwestern schüttelten nur den Kopf, als sie mich morgens um acht in Sportkleidung sahen.

»Was ist denn in dich gefahren? So kennt man dich ja gar nicht«, rief Ramona mir hinterher.

»Möchtest du mitkommen?«, fragte ich.

»Danke, kein Bedarf, und schon gar nicht vor dem ersten Kaffee.«

»Tschüß, bis später«, rief ich und war sogar richtig stolz darauf, mich von Cay mitreißen zu lassen. Bis vor Kurzem wäre es tatsächlich für mich undenkbar gewesen, frühmorgens schon aktiv zu sein. Aber ich merkte, wie gut es mir tat, mit Cay mitzuhalten. Er animierte mich zu Aktionen, von denen ich vorher nicht mal geträumt hatte. Ohne ihn wäre ich niemals am Mainufer auf Inlinern unterwegs gewesen. Dabei war es herrlich. Cay hatte tolle Ideen. Mit ihm konnte ich was erleben.

So gern ich mit meiner Familie zusammen war, so froh war ich doch, als wir am Sonntag wieder abreisten. Die Spannung hatte sich nicht gelöst und war schwer auszuhalten. Cay war nun mal ein ganz anderer Typ als mein Schwager und auch als Ramonas Freund, von meinem Bruder ganz zu schweigen. Meinem Freund war kumpelhaftes Verhalten scheinbar fremd, zumindest wenn es von anderen ausging.

Irgendetwas schien ihm an meiner Familie nicht zu passen. Nur weil sie kein Golf spielten, waren sie doch trotzdem nette Gesprächspartner, überlegte ich. Dennoch wollte ich nicht Cay die Schuld dafür geben, dass sie keine gemeinsame Wellenlänge fanden. Ich fand es sogar ein wenig unfair, wie sie ihn beäugten. Er war schließlich der einzige Fremde unter acht Erwachsenen. Jedes seiner Worte wurde auf die Waagschale gelegt. Er hatte nun mal andere Interessen als sie, denn schließlich lebte er in einer Großstadt und arbeitete in einem großen Unternehmen. Ich bildete mir ein, da sei es ganz normal, wenn es wenig Gemeinsamkeiten gab. Und warum sollte Cay ihnen vorspielen, dass er sich für sie interessierte? Das hatte er nicht nötig, dachte ich und fühlte mich einmal mehr hin- und hergerissen zwischen der Bewunderung für sein selbstbewusstes Auftreten und meinem Harmoniebedürfnis.

Mit Cay allein fühlte ich mich jedenfalls wesentlich wohler.

Ein Wochenende bei Cay

Als wir wieder ein gemeinsames Wochenende in Stuttgart verbrachten und eine Spritztour mit Cays Mini Cooper machten, hielt er plötzlich auf einem Kundenparkplatz.

»Hier arbeite ich«, sagte er schlicht.

»Eine Versicherung?«

»So ähnlich. Ich bin Versicherungsmakler.«

Warum ich ihn bisher nicht konkreter nach seinem Arbeitsplatz gefragt hatte, wunderte mich selbst, als wir schließlich vor dem Gebäude standen. Es hatte mir bisher immer genügt, wenn er von seiner Firma sprach, dem großen Unternehmen und seiner sicheren Position. Mir war sein Beruf irgendwie nicht wichtig, und er verlor von sich aus nie ein Wort darüber. Auch war er der Reifere von uns, und da fand ich es unpassend, ihn auszufragen. Beinahe war es mir so vorgekommen, als mache er ein Geheimnis daraus. Es störte mich nicht, denn die Hauptsache war, dass wir uns verstanden, unabhängig davon, was wir beide beruflich taten. Unsere gemeinsame Zeit war ohnehin immer zu kurz. Wir trafen uns alle drei bis vier Wochen, und ich vermisste seine Nähe, sehnte mich nach ihm. Wenn wir uns sahen, kosteten wir jede Minute aus, und Arbeit und Alltag rückten weit in die Ferne.

Wenn er mich großzügig zu Wochenendreisen einlud, betonte er, dass es sich dabei um Schnäppchen handelte, die er im Internet gefunden hatte. *Keine große Sache.* Und dass er immer gut gekleidet war, schien mir selbstverständlich. Nun verstand ich, dass er offenbar ein erfolgreicher Versicherungsmakler war, der sein Leben genießen wollte. Mit mir an seiner Seite schien es ihm noch mehr Freude zu bereiten.

»Wenn du willst, dann brauchst du in Zukunft nicht mehr zu arbeiten. Du kannst zu Hause bleiben und dich um unsere Kinder kümmern. Ich verdiene genug Geld«, sagte er und machte eine Handbewegung, als könne er die Mittel dafür aus dem Ärmel schütteln. Dabei lachte er ausgelassen, und ich wusste nicht, was ich von all dem halten sollte. Nahm er mich auf den Arm? Es wirkte ein wenig wie ein Test: Womöglich wollte er wissen, wie ich reagierte. Ich beschloss, ehrlich zu antworten.

»Cay, darüber macht man keine Scherze. Du sollst wissen, dass ich eines Tages wirklich Kinder haben möchte.«

»Ja klar, welche Frau möchte das nicht?«

»Ist das deine Antwort?«

»Ich weiß nicht. Ich kann mir das noch nicht vorstellen.«

»Du hast die Wahl. Eines Tages musst du dich entscheiden, ob du Kinder willst oder nicht.«

»Aber wir haben doch noch viel Zeit.«

»Für mich ist es wichtig, Kinder zu bekommen, eine eigene Familie zu gründen und ein gemeinsames Zuhause zu haben. Mit allem Drum und Dran. Mit großen Familienzusammenkünften und Festen.«

»Das hat Zeit.«

Wenn Cay im Norden war, übernachteten wir in meinem Elternhaus, wo ich ja immer noch wohnte. Etwas anderes kam nicht infrage, und gleich bei meiner ersten Begegnung mit seinen Eltern in deren Haus verstand ich die Gründe dafür.

Cay nahm mich mit, um mich wenigstens *kurz* seiner Mutter vorzustellen, wie er es nannte. Eigentlich wollte er nur etwas abholen, aber da ich ihn begleitete, blieb uns nichts anderes übrig als ein offizielles *Bekanntmachen*, vor dem nicht nur ich mich zu scheuen schien. Es wurde eine seltsame Begegnung.

Cays Mutter begegnete mir mit kühler Distanz. Ich fühlte mich klein und unbedeutend. Fast kam ich mir vor wie ein Insekt, das sich in fremde Gemächer verirrt hatte. Schließlich war ich nur eine Arzthelferin, spielte nicht mal Golf und teilte auch sonst keine Interessen mit Cays Familie. Vielleicht erschien ich seinen Eltern ja auch zu jung?

Jung und unsicher war ich allemal. Mir fehlte das Selbstbewusstsein, mich in solchen Kreisen zu bewegen. Am liebsten wäre ich auf der Stelle hinausgerannt und nie mehr hierher zurückgekommen.

Cay suchte in aller Eile seine Sachen zusammen und nahm mich am Arm. »Komm, wir gehen«, sagte er und verabschiedete sich knapp von seinen Eltern.

Ich war froh, als wir draußen waren. Bei uns zu Hause wurde man freundlich aufgenommen und in die Familie integriert, wie auch Cay es erfuhr, obwohl er sich nach wie vor distanziert verhielt. In Gegenwart seiner Mutter aber hatte ich irgendwie das Gefühl, etwas falsch zu machen und eine Versagerin zu sein. Falscher Beruf, falscher Sport, falsches Alter, falsche Ernährung, vielleicht sogar *falsche Nase*.

Als wir das Haus verlassen hatten und im Auto saßen, versuchte Cay mich über die kalte Atmosphäre hinwegzutrösten.

»Mach's einfach so wie ich: Lass sie reden! Bei mir geht es in ein Ohr herein und aus dem anderen wieder hinaus.«

Wenig später überraschte Cay mich mit einem vorweihnachtlichen Präsent. Als er mich in Stuttgart am Bahnhof absetzte, wo der Zug nach Norddeutschland in wenigen Minuten abfuhr, holte er einen Weidenkorb aus dem Auto. Er hatte die Sitzbank heruntergeklappt und eine Decke über den Korb gelegt, sodass ich nicht sehen konnte, was er transportierte. Ich sah bunte Päckchen hervorblitzen. Bei genauerem Hinsehen entdeckte ich Nummern an den einzelnen Verpackungen. Es waren vierundzwanzig Geschenke, eines für jeden Tag bis Weihnachten und mit dem entsprechenden Datum versehen. Cays persönlicher Adventskalender war bereits auf den ersten Blick liebevoll gestaltet.

»Für dich, mein Kleines. Damit du auch jeden Tag an mich denkst«, sagte er.

»Vielen Dank, aber das tue ich ohnehin schon.«

»Umso besser.«

Nur mit Mühe bekam ich den großformatigen Korb in das Zugabteil.

Bis Heiligabend erfreute ich mich Tag für Tag an den lustigen Dingen, die er für mich mit so viel Liebe ausgesucht hatte. Mal war es eine Hotelportion mit Nutella, die er irgendwo eingesteckt hatte, weil ich Süßes liebte, und dann eine Frauenzeitschrift, die ich gern las. Zum Nikolaustag fand ich eine hübsche Kette darin und an allen anderen Tagen etwas, von dem er wusste, dass es mir gefiel. Wie viele Gedanken er sich um mich machte! Als ich das Päckchen mit der 24 an Heiligabend öffnete, hielt ich einen edlen Pullover in den Händen.

In der Weihnachtszeit wurde Cay ruhig und nachdenklich. Auf meine Nachfragen hin erzählte er mir schließlich von den Sorgen um seine Schwester. Sie leide unter heftigem Liebeskummer, und Cay fühlte mit ihr. In solch einer Stimmung hatte ich meinen Freund bisher noch nicht erlebt. Er war in sich gekehrt und so antriebslos. Wenn ich Näheres wissen wollte, reagierte er seltsam.

Ich erinnerte mich nur zu gut an den Schmerz, den ich nach der Trennung von Robert empfunden hatte. Er war heftig gewesen, und an manchen Tagen hatte ich vor lauter Liebeskummer nicht ein noch aus gewusst. Aber ich hatte erlebt, wie der Schmerz mit der Zeit nachließ. Solche Wunden heilten doch. Dass man als Bruder tagelang so deprimiert war, weil die Schwester Liebeskummer hatte, schien mir überzogen. Meine Familie war immer mein Netz gewesen, wenn ich traurig war. Vielleicht hatte ich aber auch einfach noch nicht genug von der Welt gesehen und erlebt, um so ein intensives Mitgefühl nachvollziehen zu können.

»Am nächsten Wochenende komme ich hoch. Ich will sie unbedingt sehen. Dann würde ich selbstverständlich auch gern zu dir kommen. Geht das?«, fragte Cay während eines Telefonats.

»Aber sicher. Warum fragst du?«

Ich kannte meinen Freund kaum wieder. Er wirkte traurig und beinahe weinerlich. Das war kein Vergleich zu dem stets lustigen und gut gelaunten Cay der ersten Monate.

Als er endlich bei mir war, tat ich mein Bestes, um ihn aufzumuntern, und fühlte mich dabei in einer ungewohnten Rolle. Während seines Besuchs wollte er mein Zimmer im Dachgeschoss kaum verlassen und igelte sich regelrecht ein. Ich war erstaunt über so viel Mitgefühl für den Liebeskummer seiner Schwester. Dieser Mann überraschte mich immer wieder. Stundenlang hielt ich Cay im Arm und streichelte ihn. Seine Stimmung und sein Antrieb waren ins Bodenlose gesunken. Mir fiel kein Mittel ein, ihn aufzumuntern, aber er betonte immer wieder, wie gut es ihm tue, *nichts* zu tun und einfach nur neben mir zu liegen.

Ich war froh, dass ich ihn ein wenig trösten konnte. Cay war sonst so aufgedreht und voller Elan, und ich hoffte inständig, dass er bald wieder der Alte wäre. Der Cay eben.

Zu Weihnachten kam er erneut nach Norddeutschland, verbrachte aber die meiste Zeit in seinem Elternhaus. An Heiligabend schaute er auf einen Besuch bei uns vorbei. Meine Eltern hatten ihn wie selbstverständlich gefragt, wann er kommen würde. Ihre Frage lautete nicht, *ob* er komme, sondern *wann*. Für sie war es selbstverständlich, dass er beim Fest dabei war, denn er war mein Partner. Er gehörte dazu wie die Partner meiner Schwestern.

Unser Haus war voller Familienangehöriger, und die Kinder waren in ihrer Aufregung noch aufgedrehter als sonst. Alle tobten durcheinander. Im Wohnzimmer stand der Baum, überall lagen Geschenke und buntes Papier herum. Es duftete nach Kerzen und Lebkuchen. Im Hintergrund spielte Weihnachtsmusik, und alle plapperten durcheinander.

»Ist das laut hier. Das halte ich nicht aus«, flüsterte Cay mir zu, aber meine Mutter hörte es trotzdem. Vermutlich hätte sie ihm gern gesagt, dass Kinder nun einmal laut sind und es bei ihnen keinen Knopf zum Abstellen gibt, aber es war Weihnachten, und so ließ sie sich nichts anmerken.

Die angespannte Lage schweißte Cay und mich zusammen. Bei seinen Eltern fühlte ich mich nicht willkommen, und meine Familie war durch Cays Verhalten irritiert und voller Skepsis. In Stuttgart ging es uns eindeutig besser. Dort war der richtige Raum für unsere Zweisamkeit.

Zu Hause bekam ich zunehmend das Gefühl, meiner

Familie beweisen zu müssen, dass ich mir den richtigen Mann ausgesucht hatte. Zwar akzeptierten sie Cay, aber ich spürte trotzdem, dass er ihnen fremd war, so wie auch umgekehrt. Vielleicht war es das, was mich ihm noch näherbrachte. Ich war glücklich mit ihm, und noch immer gefiel es mir, dass er so konsequent anders war als meine Familie. Er war mein Freund, und ich war stolz auf ihn.

Umzug

Cay und ich waren seit einem Jahr ein Paar, als ich meine Ausbildung vorzeitig beendete und meine Urkunde erhielt. In gewisser Weise war ich nun frei und konnte tun und lassen, was ich wollte. Dieses Gefühl war wunderbar. Und ich war verliebt in Cay. Er war der Mann in meinem Leben geworden, mit ihm wollte ich die Zukunft teilen.

Weiterhin unternahmen wir regelmäßig Kurzreisen übers Wochenende. Cay fiel immer wieder ein lohnendes Reiseziel ein. Wir waren ständig unterwegs und pendelten zwischen den unterschiedlichsten Orten hin und her. Einmal flogen wir sogar für einen Kurzaufenthalt nach Mallorca, weil Cay angeblich wieder ein Supersonderangebot ausfindig gemacht hatte, das mir kein schlechtes Gewissen wegen der Kosten machte.

Für mich waren all diese Reisen etwas Neues, sie waren aufregend und brachten mich aus meinem gewohnten Umfeld heraus. Dabei konnte ich mir längst vorstellen, mich in Zukunft nicht nur an den Wochenenden auf etwas *Neues* und *anderes* einzulassen. Ich wollte immer mit Cay zusammen sein, mit ihm leben. Vielleicht, so dachte ich, sollten wir es auf einen Versuch ankommen lassen. Und zu meiner Freude machte Cay sogar häufiger Andeutungen in

Richtung Familienplanung. All seine Freunde hatten inzwischen Kinder bekommen, und er schien selbst nicht mehr abgeneigt, Vater zu werden. Richtig eindeutig war seine Position jedoch nicht, aber ich wollte ihn mit einer so essenziellen Frage nicht bedrängen und vermied das Thema. Eine derart wichtige Entscheidung musste einvernehmlich und mit Überzeugung getroffen werden.

Bald hielten wir beide es nicht länger aus, immer nur zwei, drei Tage am Stück miteinander zu verbringen. Wir lebten eine Fernbeziehung mit der Sehnsucht nach Nähe. Immer wenn es am schönsten war, mussten wir uns voneinander trennen. Jedes Abschiednehmen schmerzte, der Sonntagnachmittag machte traurig, weil der Weg zum Bahnhof führte und uns mindestens zwei Wochen Wartezeit bis zum Wiedersehen bevorstanden.

Weil Cay beruflich stark eingebunden war, machte es für ihn keinen Sinn, sich nach einem Job in Norddeutschland umzusehen. Es lag nah, dass ich zu ihm zog.

Als ich meinen Eltern von meinen Zukunftsplänen erzählte, war meine Mutter strikt dagegen. So aufgebracht hatte ich sie selten erlebt. Ihrer Meinung nach machte ich einen großen Fehler. Ich sollte lieber in der Nähe bleiben, denn schließlich gehe die eigene Familie über alles. Nur hier sei ich richtig aufgehoben. Was ich überhaupt allein in der Fremde zu suchen habe, wollte sie wissen, meine Schwestern seien schließlich auch in der Nähe geblieben und glücklich dabei. Und was, wenn ich eines Tages ein Kind bekäme?, wollte sie wissen. Das könne ich doch allein nicht bewältigen. Da brauche man die Familie.

»Aber Mama, ich ziehe nicht auf den Mond, sondern nach Stuttgart. Andere Frauen in meinem Alter machen das Gleiche. Es ist vollkommen normal, in eine andere Stadt zu ziehen. Vielleicht komme ich eines Tages zurück.

Aber jetzt ist es besser, wenn ich zu Cay ziehe und etwas Neues kennenlerne.«

«Das sehe ich anders. Du bist noch zu jung.«

»Ich bin einundzwanzig.«

Ich wollte raus und war erleichtert, als endlich alle Kartons gepackt waren und ich der angespannten Atmosphäre entfliehen konnte. Ich wollte mich und die Welt entdecken und hatte lange genug daheim gelebt. Es war Zeit, mein Leben selbst in die Hand zu nehmen.

Meine Mutter empfand meine Pläne wie eine Ablehnung ihrer Person. Ich konnte nicht mit ihr reden, mir Rat holen, denn sie beharrte auf ihrer Meinung. Also tat ich ihr gegenüber so, als hätte ich meinen Schritt sorgfältig durchdacht und wüsste genau, worauf ich mich einließ. In Wirklichkeit hatte ich Bammel vor dem Sprung ins kalte Wasser: eine fremde Stadt, keine Freunde und noch kein Job. Ich verließ mich voll und ganz auf Cay. Er würde alles für mich regeln. So war es schließlich, seitdem wir uns kannten. Cay wusste immer, was zu tun war.

Bei einem Besuch bei Cays Eltern erzählte ich, dass ich zu Cay nach Stuttgart ziehen wolle. Ich hatte vor, dort zu arbeiten, und sagte das auch. Schließlich wollte ich ihm nicht auf der Tasche liegen, so etwas war mir fremd. Unser Gespräch kam mir vor wie ein Verhör. Wie so oft in ihrer Gegenwart fühlte ich mich klein und unbedeutend und war um schlagfertige Antworten verlegen. Ich wusste ja noch nicht einmal, was ich als Arzthelferin in Stuttgart verdienen würde, und fürchtete ihre Fragen danach. Ich war verunsichert und ärgerte mich zugleich darüber.

Erst als Cay und ich wieder im Auto saßen, konnte ich meinen Frust hinauslassen.

»Katja, reg dich nicht auf. Ich habe dir schon mal gesagt: Mach's so wie ich, hör gar nicht hin.«

»Sie ist deine Mutter. So darfst du doch nicht über deine eigene Mutter sprechen. Bei uns zu Hause heißt es: ›Sprich nicht über die Mängel anderer.‹ Aber wenn es Probleme gibt, sollte man doch zusammen darüber reden ...«

»Wenn du sie näher kennenlernst, wirst du mich besser verstehen.«

Plötzlich kam mir ein Gedanke: »Wie haben meine Vorgängerinnen das denn eigentlich gemeistert?« Es war mir so herausgerutscht. Über seine Exfreundinnen hatten wir noch nie gesprochen.

»Petra?«, fragte Cay nach einer kurzen Pause ruhig.

»War das deine Exfreundin?«

Er nickte und sagte: »Mach dir nicht so viele Gedanken über das, was vor dir war. Es ist doch heute nicht mehr wichtig.«

»Wer ist diese Petra?« Wenn das Thema schon einmal auf dem Tisch lag, konnte ich mir eine Nachfrage nicht verkneifen.

»Ach, das ist schon eine Weile her. Petra und ich sind noch immer befreundet. Sie wohnt auch in Stuttgart. Ich werde euch miteinander bekannt machen.«

»Ist gut.«

Und dann zog ich zu ihm. Ich belud meinen alten Fiat Punto und brachte einen Teil meiner Sachen nach Stuttgart. Auch ein Arbeitsplatz war schnell gefunden. Ein Freund von Cay arbeitete in einer orthopädischen Gemeinschaftspraxis, wo ich als Arzthelferin in Vollzeit anfangen konnte. Ich behielt mein Auto, weil ich einen Arbeitsweg von über dreißig Kilometern hatte. Das Anfangsgehalt war zwar nicht üppig, aber mehr als ausreichend, sodass ich mich finanziell unabhängig fühlte. Wir hatten getrennte Konten und teilten von nun an alle anfallenden Kosten wie Miete und Einkäufe. Endlich war ich in der Lage, meinen

Teil beizusteuern. Aber immer wenn es um das Thema Geld ging, winkte Cay ohnehin ab.

»Mach dir keine Sorgen. Ich verdiene gut, und das wird so bleiben oder noch besser werden.«

»Wenn du meinst.«

»Katja, das Leben ist so schön, und mit dir an meiner Seite ist es wunderschön. Endlich ist meine Kleine immer bei mir. Wir werden es uns richtig nett machen.«

Das war wieder der alte Cay, der überhaupt keine Probleme zu kennen schien.

»Muss ich mich nicht irgendwo anmelden? Meinen Wohnsitz, meine ich? Bei der Gemeinde?«

»Ach ja, mein Kleines. Das habe ich ganz vergessen. Gleich morgen gehen wir zum Einwohnermeldeamt. Dort bekommst du dann auch einen neuen Eintrag in deinen Personalausweis.«

»Wirklich?«

»Ja sicher, dort wird unsere gemeinsame Adresse ins Dokument eingetragen.«

»Ach so …«

Ich kam mir unwissend und kindisch vor. Aber schließlich war es der erste Umzug meines Lebens. Ich nahm mir vor, in Zukunft die organisatorischen Dinge in die eigenen Hände zu nehmen, statt mich abhängig zu machen. So schwer konnte es doch nicht sein. Andere Mädchen zogen auch in fremde Städte und hatten dabei keinen erfahrenen Mann an ihrer Seite.

Unbeschwerte Sommertage

Cay liebte es, mir das Stuttgarter Umland und die Sehenswürdigkeiten Schwabens zu zeigen. Ich genoss diese Ausflüge und freute mich, wenn ich etwas Neues erlebte. Es war so anders, als ich es von zu Hause gewohnt war. Dort hatte die Familie im Mittelpunkt gestanden. Hier lockte das Abenteuer.

Mein Freund schien sich überall auszukennen und konnte mit jedem ein Schwätzchen halten: Ob es ein Bauer am Wegesrand oder ein Geschäftsreisender im Hotel war, Cay fand immer die richtigen Worte und stand dabei gern im Mittelpunkt. Seine gute Laune war ansteckend, und ich konnte mir nicht vorstellen, mich je an seiner Seite zu langweilen.

Eines Samstagnachmittags stiegen wir in seinen Mini, um wieder mal eine Spritztour zu unternehmen.

»Wohin fahren wir heute?«, wollte ich wissen.

»Lass dich überraschen«, sagte er nur.

Wenig später hielten wir vor einer Garage, wo er ein *Zweitfahrzeug* stehen hatte, wie er es nannte. *Für die warme Jahreszeit.* Der Mini war demnach nur das Winterauto.

»Mein kleiner Freund«, sagte er, nachdem er das Garagentor geöffnet hatte und ein blitzblanker Flitzer zum Vorschein kam. »Der Z3 ist ein sehr beliebter offener Sportwagen.« Cay zeigte sein jungenhaftes Lachen, legte mir einen Arm um die Schulter und gab mir einen Kuss auf die Wange. »Na, was sagst du?«

»Toll. Der Wagen sieht wirklich toll aus. Er passt zu dir.«

»Und auch zu dir!«

Cay startete den Motor und prüfte die Anzeigen auf den Armaturen. Als er das Dach herunterklappte, kam die wahre Schönheit des Wagens zum Vorschein. Cay fuhr ihn aus der Garage, sprang galant aus dem Sitz und hielt mir die Beifahrertür auf.

»Komm schon, meine Süße. Es geht los.«

Er strahlte über das ganze Gesicht, und wir fuhren stundenlang über die Landstraßen bis ins Allgäu. Andere Cabriofahrer grüßten uns. Die Fahrt begann mir Spaß zu machen. Wie aufregend und unberechenbar das Leben an seiner Seite war!

Später hielten wir an einem See und gingen spazieren; in der Ferne konnte man die Alpen sehen. Ich fühlte mich ganz weit weg von meinem alten Leben, und das war gut so.

Wir kamen an einem Strandbad vorbei, wo die Kinder ausgelassen im Wasser planschten.

»Es ist wunderschön hier«, sage ich zu Cay.

»Freut mich sehr, dass es dir hier gefällt.«

»Schau mal, wie süß die Kinder sind. Ich liebe Kinder.« Als Cay nicht reagierte, hakte ich vorsichtig nach.

»Du magst Kinder doch auch, oder?«

»Klar, finde ich toll.«

»Und bestimmt möchtest du eines Tages auch eigene haben«, neckte ich ihn.

»Wer hat das behauptet?«, konterte er scherzhaft.

»Och, das habe ich von einem Mann mit dem unge-wöhnlichen Namen Cay gehört.«

»Ist ja interessant.«

»Hast du noch mal darüber nachgedacht? Über eigene Kinder, meine ich.«

»Wie kommst du denn jetzt darauf?«

»Weil wir hier die vielen glücklichen Familien vor Augen haben... und weil es mir wichtig ist, eigene Kinder zu haben. Und ich möchte wissen, was du darüber denkst. Du hast doch auch mal gesagt, wie gern du eines Tages Vater sein möchtest.«

»Ja, das habe ich gesagt. Aber nun warte doch ein biss-chen ab. Wir sind gerade erst zusammengezogen. Du bist noch so jung. Wir haben so viel Zeit.«

Lange hatte ich das Thema gemieden, doch ich wollte die Gelegenheit nicht einfach verstreichen lassen. Ein Leben ohne Kinder konnte ich mir nicht vorstellen. Wenn Cay und ich eine Zukunft haben wollten, musste ich wissen, woran ich war. »Sag mir einfach nur, ob du auch Kinder haben möchtest oder nicht.«

»Das kann ich nicht so einfach beantworten, weil ich mir nicht vorstellen kann, wie es ist, Vater zu sein. Ich weiß nicht, ob ich das überhaupt kann. Lass mir noch ein wenig Zeit. Ich muss mich erst an den Gedanken gewöh-nen. Ein Kind würde alles ändern. Ich genieße unser Leben zu zweit.«

»Zu dritt ist es vielleicht noch schöner«, warf ich ein.

»Das ist eine große Verantwortung. Da muss man abso-lut verlässlich sein«, sagte Cay.

»Keine Angst, das können andere doch auch.«

Unser Alltag bekam eine gewisse Routine. Morgens stand ich meistens vor Cay auf und frühstückte allein. Er schlief länger, weil er erst um neun Uhr im Büro sein musste.

Wenn ich meinen üblichen Frühdienst hatte, trafen wir uns manchmal direkt nach der Arbeit, um gemeinsam nach Hause zu fahren.

Meistens erledigte ich den Haushalt allein, worüber Cay froh war und es mir dankte. Als gute Köchin konnte man mich allerdings nicht bezeichnen, denn bis dahin war ich fast ausnahmslos von meiner Mutter bekocht worden. Also begnügten Cay und ich uns während der Woche mit einfachen Gerichten und gingen an den Wochenenden auswärts essen. Außerdem war ich eine Naschkatze und stillte meinen Appetit zwischendurch mit Süßigkeiten. Cay hingegen nahm seine Ernährung ernst. Er trank Aufbaugetränke und nahm Vitaminpräparate zu sich. Regelmäßig trafen Päckchen mit Algenprodukten und Energiekapseln ein, die er über einen Freund bestellte. Er war ständig an Neuheiten interessiert, die ihm und seinem Körper guttaten.

Wenn ich vom Spätdienst aus der Praxis kam, hatte Cay sein Sportprogramm bereits absolviert. Manchmal strotzte er vor Energie, und ich wurde richtig neidisch.

»Ich bin heute fünfzehn Kilometer gelaufen, mein Engel. Es war wunderschön. Ich würde gern einen Marathon laufen. Eines Tages werde ich es schaffen. Aber vorher sollten wir zusammen einen Wettkampf machen.«

»Ich? Nein. Wie kommst du denn darauf?«

»Du hast enorme Fortschritte gemacht. Was hältst du davon, wenn wir den Silvesterlauf mitmachen?«

»Was ist das denn?«

»Ein Zehnkilometerlauf an Silvester. Das ist eine Veranstaltung mit Tausenden Aktiven und vielen Zuschauern. Lass uns gemeinsam dafür trainieren. Du schaffst das, glaube mir.«

»Meinst du wirklich? Zehn Kilometer sind ziemlich lang«, sagte ich skeptisch.

»Es muss doch keine Spitzenzeit werden. Hauptsache, du kommst ins Ziel. Wir können gemeinsam laufen. Und wenn wir dafür zwei Stunden brauchen, ist es auch egal.«

»Aber du bist doch viel schneller als ich.«

»Wenn du mitmachst, Engelchen, dann bleibe ich bis zur Ziellinie bei dir.«

Von da an gab es kein Halten mehr. Cay motivierte mich mit Geduld, Witz und Raffinesse zu einem strammen Trainingsprogramm. Mir machte es Spaß, mich von ihm antreiben zu lassen. Nach und nach stellte ich meine Ernährung um und verzichtete auf Süßigkeiten. Die Bewegung tat mir gut, und schon bald konnte ich zehn Kilometer am Stück laufen. Auch der einsetzende Herbst mit seinen Regenschauern hielt uns nicht vom Training ab. Wir blieben eisern bei unserem täglichen Laufpensum, und ich machte weitere Fortschritte. Wenn Cay mich wie ein Kind lobte, ging es mir zwar manchmal auf die Nerven, und sein *Engelchen, lauf!* klang in meinen Ohren wie ein väterlicher Ansporn und nicht wie die Worte eines liebenden Mannes. Aber meistens war ich dankbar für seine unerschöpfliche Energie und seine Motivation.

Eines Tages holte ich Cay aus dem Büro ab, weil wir gemeinsam ins Kino gehen wollten. Eine Frau saß neben ihm am Schreibtisch und ließ sich etwas erklären. Als ich den Raum betrat, stand sie rasch auf. Sie war offensichtlich eine Kollegin, die an mir vorbei ins Nebenzimmer wollte.

»Darf ich vorstellen? Katja, das ist Petra«, sagte Cay, und ich begriff erst im zweiten Moment, dass ich diese Frau schon auf dem Foto in Cays Elternhaus gesehen hatte. Seine Exfreundin! Sie waren Kollegen? Davon hatte ich bisher nichts gewusst.

»Ich helfe Petra bei ihren Prüfungsvorbereitungen. Sie muss verdammt viel lernen.«

»Ach so«, sagte ich irritiert.

Wir grüßten uns. Die Frau lächelte und wirkte nett. Ich wusste nicht, was ich sagen sollte.

Als Cay und ich im Auto saßen, brodelte es in mir. Wie konnte er mir das nur verheimlichen? Sie arbeiteten zusammen und trafen sich jeden Tag! Ich biss mir auf die Lippen. Hier war ich nun: eine junge Frau in Stuttgart an der Seite eines reiferen Mannes. Ich musste meine Eifersucht im Zaum halten, wenn unsere Beziehung eine Chance haben sollte. Nicht noch einmal wollte ich die gleichen Fehler machen wie bei Robert. Die Zeit kindischer Verdächtigungen und Anschuldigungen musste vorbei sein.

»Was hast du? Warum sagst du nichts?«, fragte mich Cay.

Mir steckte ein Kloß im Hals, ich zählte bis drei und legte jedes Wort auf die Waagschale.

»Versteht ihr euch noch gut? Petra und du?«

»Ach ja, eben wie gute Kollegen.«

»Ist es nicht schwierig, mit seiner Ex zusammenzuarbeiten?«

»Nein, nein. Das ist doch Schnee von gestern. Sie hat auch schon lange einen anderen Partner. Ich denke gar nicht mehr daran, dass wir mal ein Paar waren.«

»Und da ist nie wieder etwas gelaufen zwischen euch?«

»Mein Kleines, nun bleib mal ganz ruhig. Es ist alles gut. Wenn ich dir sage, es ist vorbei, dann ist es auch so. Wir müssen nicht wieder darüber reden. O.k.?«

»O.k.!«

Ich nahm mir ganz fest vor, mich daran zu halten. Es war vorbei, sagte ich mir. Nie wieder Unterstellungen und Sticheleien! Die neue Katja war reifer geworden, und von Cay konnte und wollte ich noch viel lernen.

Der nette Cay

Im Herbst besuchte mich meine Schwester mit ihrem Mann und den Kindern, und wir gingen alle gemeinsam ins Fußballstadion. Obwohl es bitterkalt war und die Ränge nur mäßig gefüllt waren, genossen wir den gemeinsamen Samstag. Mein Schwager und Cay tauschten sich über die Spieler, Trainer und ihre Taktik aus, während wir anderen versuchten, uns mit Gesängen und Gejohle aufzuwärmen. Es war ein gutes Spiel, und der Nachmittag verging wie im Fluge.

»Der ist ja doch ganz nett«, sagte Anja, als wir später allein in der Küche waren.

»Was dachtest du denn? Er ist ja schließlich mein Freund.«

»Vielleicht hat dein Cay sich geändert. Es kommt mir fast so vor, als hätte er sich an uns und unsere große Familie gewöhnt. Auch wenn wir uns nicht immer in allem verstehen, so sagen wir uns doch wenigstens offen und ehrlich die Meinung. Kann gut sein, dass es ihm gefällt.«

»Du meinst, er wird vielleicht sogar noch ein Familienmensch? Das würde ich mir so sehr wünschen. Und ich wünsche mir nichts sehnlicher, als dass ihr euch alle versteht oder zumindest akzeptiert.«

»Ja, das wäre schön.«

»Und wie! Ach, Anja, ich würde mich so freuen.«

»Du bist und bleibst eine Harmoniebedürftige.«

»Du etwa nicht?«, wollte ich von meiner großen Schwester wissen.

»Doch, natürlich, aber ich muss glücklicherweise nicht so viel dafür tun. Da passt das meiste von allein.«

»Cay ist nun mal anders.«

»Er ist kein schlechter Kerl. Das habe ich heute gemerkt. Aber am Telefon klingst du manchmal gar nicht so glücklich.«

»Mir fehlen die Heimat, mein Zuhause und meine Freunde. Hier unten ist alles anders.«

»Warum kommt ihr nicht beide zurück in den Norden?«

»Für Cay ist das schwierig. Er hat hier einen guten Job. Demnächst wird er befördert und hat dann über zwanzig Mitarbeiter unter sich. Und außerdem sind die Berge von hier aus so nah. Cay geht gern Skilaufen, und die Ausflüge in die Alpen sind uns lieb geworden.«

»Das wird schon alles«, sagte sie tröstend.

»Hoffentlich.«

Zwölf Stunden vor dem Beginn des Jahres 2003 fiel unser erster gemeinsamer Startschuss zum Silvesterlauf. Als ich die vielen Sportler sah, die sich in der Startzone warm liefen, steigerten sich meine Nervosität und die Befürchtung, es nicht zu schaffen. In meinen Augen sahen die anderen Athleten – im Gegensatz zu mir – fit und bestens vorbereitet aus. Ich hüpfte von einem Bein aufs andere und versuchte meine Aufregung in den Griff zu bekommen.

Cay hingegen war zuversichtlich und freute sich wie ein kleiner Junge auf den gemeinsamen Wettkampf. Nachdem wir die Startnummern an unsere Trikots geheftet hatten, sahen wir beinah wie erfahrene Wettkämpfer aus. Wir reihten uns frühzeitig in das hintere Drittel des Starterfelds ein und warteten auf den Schuss. Mit einem lauten Knall ging es endlich los! Als sich nach einigen Hundert Metern das Gedränge lichtete, gab Cay das Tempo vor. Dabei orientierte er sich perfekt an meinen Möglichkeiten. Er spürte genau, wie schnell ich laufen konnte und wie viel Kondition ich hatte. Wie ein Coach zog er mich durch die Stadt, und meine Schritte wurden immer leichter. Als ich nach acht Kilometern einen kleinen Durchhänger bekam, spornte er mich an. Es machte richtig Spaß, und als mein *Personal Trainer* auf den letzten hundert Metern vor der Ziellinie meine Hand nahm und wir gemeinsam die Zeitmessung durchliefen, war ich zwar erschöpft, doch mächtig stolz und überglücklich. Wir lagen uns in den Armen, und er überschüttete mich mit Lob.

»Super, meine Süße. Ganz toll, wie du das gemacht hast.«

»Danke! Das habe ich dir zu verdanken«, sagte ich vollkommen außer Atem.

»Das machen wir nächstes Jahr wieder! Was meinst du?«

»Abgemacht!«, sagte ich, obwohl ich einfach nur noch sitzen wollte und mir angesichts meiner schweren Beine nicht vorstellen konnte, jemals wieder freiwillig eine ganze Stunde am Stück in Höchstgeschwindigkeit durch die Stadt zu rennen.

Wenig später rief ich Anja an, um von meiner Heldentat und dem Zieleinlauf zu berichten.

»Wie romantisch, Hand in Hand. Da kann man ja richtig neidisch werden. Ich freue mich für dich«, sagte meine Schwester.

Alles wird gut, dachte ich.

Schwanger

Im folgenden Sommer beschlich mich ein süßer Verdacht. Aufgeregt ging ich in die Apotheke, um einen Schwangerschaftstest zu kaufen. Es war meine erste Erfahrung mit solch einem Test, und sichtlich nervös öffnete ich die Packung. Gemeinsam lasen Cay und ich die Beschreibung und schauten uns den Teststreifen an. Dann ging ich damit ins Bad, während Cay im Wohnzimmer auf dem Sofa wartete.

»Schau nicht auf den Teststreifen! Lass uns gemeinsam das Ergebnis ablesen!«, rief er mir hinterher.

»Ja, aber wie soll ich das hinkriegen? Soll ich etwa meine Augen schließen, während ich den Test mache?«

»Jedenfalls nicht auf den Streifen schauen.«

Ich tat mein Bestes und hielt meine Neugier in Zaum.

»Ich bin dann so weit!«, sagte ich, kam aus dem Bad und hielt den Schwangerschaftstest hinter meinen Rücken. Wir waren total aufgeregt. Ich war zweiundzwanzig Jahre alt, Cay achtunddreißig.

Gemeinsam blickten wir auf den Teststreifen.

»Positiv!«, riefen wir wie aus einem Munde und fielen uns in die Arme.

Ich war so glücklich!

Bereits am nächsten Tag ging ich zum Frauenarzt und

redete mit meinem Arbeitgeber über das Ergebnis. Philipp musste so früh wie möglich darüber informiert werden, weil sich durch die Schwangerschaft mein Arbeitsalltag änderte. Ich durfte den Patienten kein Blut mehr abnehmen, sie nicht mehr röntgen und wegen einer möglichen Infektionsgefahr auch keine Spritzen mehr setzen.

Schnell freundete ich mich mit der Vorstellung an, Mutter zu werden. Und auch Cay wirkte glücklich und freute sich auf das Baby. Unsere Zukunft schien perfekt!

Am Abend saßen wir im Pizza-Hut und genehmigten uns ein Abendessen. Mit meinen Kochkünsten stand es noch immer nicht zum Besten, und wir brauchten dringend etwas Warmes im Bauch. Während des Essens neckten wir uns und alberten herum, als die Worte wie von selbst aus mir hervorsprudelten.

»Na, Cay, mein Lieber, was hältst du eigentlich davon, mich zu heiraten?«

»Ach joh, keine schlechte Idee. Könnte glatt von mir sein«, sagte er mit einem breiten Grinsen, und ich prustete los.

»Was heißt joh? Ja?«

»Ja! Ja, können wir machen.«

»Ernsthaft?«

»Ja!«

»Gut.«

Und damit gingen die Planungen auch schon los. Unser Kind sollte selbstverständlich seinen Familiennamen tragen. Und Cay wusste auch, dass er nicht in irgendeinem Standesamt der Stadt heiraten wollte. Es musste eine vornehme Adresse sein, wie das Schloss Solitude. Schließlich würde der Ort für immer in den Hochzeitsdokumenten stehen. Genauso wichtig war es auch, dass ich seinen Namen annahm.

Nachdem ich meine Eltern bereits mehrfach nach Stuttgart eingeladen hatte, rafften sie sich im Spätsommer endlich zu einem Besuch auf. Jetzt, wo sie wussten, dass wir eine Familie gründeten, waren sie ganz erpicht darauf, mein neues Zuhause kennenzulernen.

Es war die Zeit des Cannstatter Wasen, des riesigen Volksfests, das jeden Spätsommer abgehalten wird und zu dem die Leute von weit her anreisen. Ich schlug vor, über den Festplatz zu gehen, denn normalerweise gefällt es dort allen Besuchern. Der Wasen ist eine besondere Attraktion, und schon auf dem Parkplatz strömten uns die Besucher entgegen.

Meine Mutter bewegte sich verschüchtert und mit hochgezogenen Schultern durch die Menschenmenge. Sie war solchen Trubel nicht gewohnt, und es wurde ihr schnell zu viel.

Ich versuchte alles, damit sie sich wohl bei uns fühlte, aber nicht nur ich merkte ihr an, dass sie lieber zu Hause geblieben wäre. Nach wie vor war sie unglücklich darüber, dass ich weit weg in einer süddeutschen Großstadt lebte. Ihrer Meinung nach gehörte ich nicht hierher. Sie schien an meinem Glück zu zweifeln, dabei ging es mir prächtig.

Meinem Bäuchlein konnte man die Schwangerschaft zwar noch nicht ansehen, aber ich fühlte mich rundum wohl als werdende Mutter und Ehefrau.

Mein Vater ging am nächsten Tag noch einmal mit Cay über den Festplatz. Ihm hatten die Hendl und das Weißbier vorzüglich geschmeckt, und er verspürte Lust auf mehr.

Sehr zu meiner Freude näherten sich die beiden im Laufe der nächsten Tage einander an. Bald fand auch mein Vater, dass Cay eigentlich ein ganz netter Kerl sei. Das machte mich froh und nahm mir etwas von dem Druck, den ich immer noch spürte, wenn es um mein Leben mit Cay ging.

Bald würde er mein Ehemann sein, und als solcher sollte er nun mal von meinen Eltern akzeptiert und am liebsten sogar gemocht werden. Mein Vater schien auf dem besten Wege dorthin zu sein.

Nur meine Mutter blieb skeptisch und trauerte immer noch Robert hinterher.

Warum konnte sie sich nicht für mich freuen? War es, weil ich als ihr Nesthäkchen so weit fort von daheim war? Oder war es der untrügliche mütterliche Instinkt, der sie warnte und sie ahnen ließ, dass etwas ganz und gar nicht stimmte? Cay und ich waren doch glücklich, dachte ich und wünschte mir nur, sie würde es ebenso sehen.

Vierzehn Tage vor unserem Hochzeitstermin suchten wir auf Anraten von Cays Eltern einen Notar auf, um einen beglaubigten Ehevertrag zu schließen. Die Formulierungen in diesem Schriftstück klangen nüchtern und lieblos. Verglichen mit meinem Traum, kirchlich und in einem weißen Brautkleid zu heiraten, erschien mir meine Unterschrift unter ein Dokument, das jegliche Versorgung im Falle eines Scheiterns der Ehe ausschloss, extrem unromantisch. Ich ließ mich ohne Widerspruch darauf ein, denn es ging mir um die Liebe und nicht um finanzielle Absicherung. Genauso bereitwillig stimmte ich der alleinigen Eheschließung im Standesamt und einer kleinen Feier im Familien- und Freundeskreis zu. Cays Vorstellungen von einer Hochzeit waren eben anders als meine, doch was zählte, war, dass wir eine Familie gründeten – sagte ich mir.

Am Abend vor der Trauung reisten unsere Eltern an. Bei diesem Zusammentreffen bot Cays Vater mir das Du an.

Nun durfte ich meine Schwiegereltern sogar duzen! Johnny war mir in den letzten Monaten immer sympathischer geworden. Mein Verhältnis zu meiner Schwiegermutter änderte sich allerdings nicht. Ich war gespannt, wie meine Eltern auf die beiden reagieren würden. Unterschiedlicher konnten Menschen kaum sein.

Zu den Gästen gehörten neben unseren Eltern auch Cays Schwester, meine Schwester Anja mit ihrer Familie sowie zwei befreundete Ehepaare. Cays bester Freund aus Kindheitstagen, Hartmut, und meine Freundin Nicole standen uns als Trauzeugen zur Seite.

Nicole hatte ich in Stuttgart kennengelernt, ihr Mann war mit Cay befreundet. Die beiden spielten häufig Tennis miteinander und pflegten eine Männerfreundschaft, die auf Sport und gemeinsamen Freizeitaktivitäten gründete. Nicole war einige Jahre älter als ich. Wir mochten uns auf Anhieb, zwischen uns gab es so etwas wie eine Seelenverwandtschaft. Schon bald war sie zu meiner engsten Vertrauten fernab der alten Heimat geworden.

Die Hochzeitsgäste beglückwünschten uns noch im Standesamt zu unserer Trauung und wünschten uns eine rosige Zukunft. Ich war glücklich und mehr denn je davon überzeugt, auf dem Weg zu einer harmonischen Familiengründung zu sein.

Vor dem Standesamt warteten meine Arbeitskollegen aus der Praxis und ließen uns hochleben. Wir genossen die Stimmung auf dem Vorplatz und den Ausblick vom Schloss ins Tal hinein.

Cay hatte auch seine Exfreundin Petra eingeladen, was ich ohne Murren akzeptierte. Mir war allerdings nicht entgangen, dass es Petra war, die im letzten Moment meinen Brautstrauß brachte und ihn Cay unauffällig in die Hand drückte, damit er ihn an mich weitergeben konnte. Vermutlich hatte mein frischgebackener Ehemann diese *Kleinigkeit* schlichtweg vergessen.

In letzter Zeit hatten sich Petra und Cay auch außerhalb der Arbeit häufiger getroffen, weil Cay ihr bei ihrem beruflichen Aufstieg innerhalb der Firma behilflich war. Sie war seine direkte Mitarbeiterin, wie ich erst kürzlich erfuhr. Petra geisterte in gewisser Weise ständig durch unsere Beziehung, aber ich versuchte, meine Empfindlichkeiten beiseitezustellen und ihre Freundschaft zu akzeptieren. Das hatte ich mir fest vorgenommen und hielt es durch, auch wenn es mich manchmal Nerven kostete. Mehrmals waren bebilderte Berichte über Cays Firma in Fachzeitschriften und in der örtlichen Presse erschienen. Petra war auf jedem Foto an seiner Seite zu sehen.

Die beiden pflegten ein sehr spezielles Verhältnis zueinander. Manchmal half Cay ihr sogar bei handwerklichen Arbeiten in der Wohnung. Ich versuchte mir nichts dabei zu denken, auch wenn ich mich hin und wieder fragte, warum sie sich überhaupt getrennt hatten, wenn sie sich so gut verstanden. Ihre Vertrautheit war auffallend, und irgendwie erschien es mir so, als wüsste sie weit mehr über meinen Mann als ich selbst.

Aber Cay war es gelungen, mich von Anfang an in meiner Eifersucht zu bremsen und mit seiner charmanten und witzigen Art mein Vertrauen zu gewinnen. Sobald ich mich auch nur im Geringsten über ihr spezielles Verhältnis mokierte, zügelte er mich. *Bleib ruhig, Kleines. Es ist alles gut.* Außerdem schien Petra glücklich mit ihrem neuen Partner zu sein.

Also würde ich mir die Stimmung nicht durch alberne Eifersüchteleien verderben lassen, beschloss ich.

Während der Feier in einem nahen Lokal plauderten Anja und Cay angeregt miteinander, und ich schnappte einiges von ihrem Gespräch auf. Meinem Mann ging es dabei ausschließlich um seine Zukunft als Vater.

»Wie ist es denn so mit einem Kind?«, wollte er von Anja wissen. »Muss man da nicht viele Anschaffungen machen? Ein größeres Auto? Eine größere Wohnung? Das kostet doch sicher eine Menge Geld. Das ganze Leben ändert sich, nicht wahr?«

»Man muss sich umstellen, aber es ist nicht so, dass man auf einen anderen Stern übersiedelt. In gewisser Weise lebt man trotzdem sein Leben weiter. Keine Angst, Cay!«, sagte Anja, und ich hörte ihren verwunderten Unterton. Auf sie musste es befremdlich wirken, wenn mein Mann solche Fragen stellte. Als wäre ein Kind nicht das Natürlichste der Welt. Was ihr und all meinen anderen Verwandten ganz selbstverständlich erschien, war für Cay fremdartig und irritierend. Vielleicht bekam er es nun doch mit der Angst zu tun?, überlegte ich.

Zum Weihnachtsfest war ich hochschwanger und wurde daheim von meiner Familie verwöhnt. Mir kam es beinahe so vor, als bliebe ich selbst als werdende Mutter noch immer das Nesthäkchen der Familie. Meine Eltern freuten sich unbändig auf ihr viertes Enkelkind.

Ende Januar kam unsere Tochter Sarah zur Welt.

Als das kleine, süße Wesen zum ersten Mal neben mir lag, konnte ich nicht begreifen, dass es mein eigenes Kind war. Ich war überwältigt von den Anstrengungen und Schmerzen der Geburt, und mein Verstand war kaum in der Lage, dieses Wunder zu begreifen. Sarah ...

Und dann kam das Glück! Es überwältigte mich und auch Cay.

Er war der stolzeste Vater, den man sich vorstellen konnte. Außer sich vor Freude, wollte er alle Welt an seinem Glück teilhaben lassen. Als ich das Krankenhaus verlassen durfte, verbrachten wir die ersten Tage zu dritt in unserer Wohnung und wollten niemand anderen sehen.

Wir lagen gemeinsam im Bett und genossen jede Sekunde. Wir waren Eltern einer Tochter geworden!

Wenn unsere Kleine schlief, dann beobachteten wir sie und sprachen über jede ihrer Regungen. Jedes Bad und jedes Trinken unserer Kleinen glich einem kleinen Fest. Es hätte nicht schöner sein können.

Cay gab mir schnell zu verstehen, dass er sich liebend gern um unsere Sarah kümmerte, was jedoch unangenehme Aufgaben wie das Windelnwechseln ausschloss. Das war nichts für ihn, aber ich übernahm es gern. Nachts musste ich häufig aufstehen, wenn Sarah weinte und mich brauchte. Diese Störungen machten Cay zunächst nichts aus, aber dann bekam er eine Erkältung und wurde ungeduldig und fast mürrisch. Er wollte sich möglichst schnell erholen, was bei dem ständigen Schlafmangel unmöglich war. Schließlich müsse er fit bei der Arbeit erscheinen. Immer häufiger nahm er sein Bettzeug und legte sich zum Schlafen auf das Sofa im Wohnzimmer.

Wenn ich Cay mit unserer Tochter im Büro besuchte, nahm er Sarah aus dem Kinderwagen und zeigte sie überall herum.

»Schaut her! Das ist meine Sarah«, pflegte er zu sagen.

Wenn sie jedoch schrie, weil sie Hunger hatte oder ihre Windel voll war, dann rührte er sich nicht, sondern schaute zu mir herüber. *Geh du,* sollte mir sein Blick sagen, und ich beschwerte mich nur selten darüber.

»Väter tun das nicht«, sagte er manchmal. Er verdiente das Geld, ich war die Frau, ich musste mich kümmern. So sah er das, und so ließ er es regelmäßig verlauten.

Aber das machte mir nichts aus. Mein Engelchen bekam meine gesamte Aufmerksamkeit. Ich wäre nicht auf die Idee gekommen, mit ihm darüber zu streiten. Mein Kind machte mich glücklich, und Cay war offensichtlich ein Mann mit klaren Prinzipien. Eines davon lautete: Kleinkindversorgung ist Frauensache.

Taufe

Sarah war vier Monate alt, als wir sie taufen lassen wollten. Wir entschieden, die Zeremonie in unserer norddeutschen Heimat abzuhalten. Und weil ich vorab mit dem Pastor sprechen musste, fuhren wir einige Tage vorher hoch.

Für meinen Besuch im Pastorat war es unumgänglich, dass ich allein, ohne Sarah, erschien. Zum ersten Mal seit der Geburt musste ich mich für ein paar Stunden von meinem Engelchen trennen. Sarah blieb bei meinen Schwiegereltern, weil Cay der Meinung war, es sei gut für die Großeltern *und* für das Kind, sich früh aneinander zu gewöhnen. Außerdem könne ich nicht ununterbrochen mit Sarah zusammen sein. Irgendwann musste der Zeitpunkt für eine erste Trennung kommen.

Es fiel mir schwer, sie abzugeben, aber er hatte sicher recht. Mit einem unruhigen Gefühl verabschiedete ich mich, um mit dem Pastor zu sprechen.

Ich erzählte ihm, dass wir zwar in Stuttgart lebten, aber im Norden verwurzelt waren. Für mich gab es keinen Zweifel daran, unsere Sarah hier taufen zu lassen. Hier gehörten wir her, und hier lebten unsere Eltern und Angehörigen. Ich glaubte an den Schutz der christlichen Gemeinschaft, von der ich ein Teil war und der auch meine

Kinder angehören sollten. Sarahs Taufe und ihr Eintritt in die Kirche erschienen mir selbstverständlich, und wenn sie sich als Erwachsene anders entschied, dann würde ich das akzeptieren. Doch nun sollte sie eine erste Segnung erhalten. Ich selbst trauerte immer noch der Tatsache hinterher, nicht kirchlich geheiratet zu haben, was ich dem Pastor sofort erzählte. Cay und ich wollten das eines Tages nachholen, es war sein Versprechen an mich. Der Pastor hörte mir aufmerksam zu und fragte dann nach meinen Wünschen für Sarahs Taufspruch.

»Unsere Tochter soll bei ihrer Taufe meinen Konfirmationsspruch mit auf den Weg bekommen: *Und ob ich schon wanderte im finstern Tal, fürchte ich kein Unglück; denn du bist bei mir, dein Stecken und Stab trösten mich.*«

»Der Psalm des guten Hirten, das ist ein schöner Taufspruch. Ich mag ihn auch gern«, sagte der Pastor.

Wir unterhielten uns eine Weile über mein Leben fernab der Heimat. Ich erzählte ihm, wie sehr mir manchmal die vertraute Umgebung fehlte. Auch meine netten Kollegen, unser hübsches Zuhause und die Ausflüge in die Berge konnten mich nicht wirklich darüber hinwegtrösten. Doch für meinen Mann und unser Familienleben musste und wollte ich gern auf meine Heimat verzichten.

»Wer weiß, vielleicht können Sie eines Tages wieder zurückkommen«, sagte der Pastor.

»Das wäre schön, aber mein Mann ist in Stuttgart beruflich fest verankert. Es wäre nicht einfach für ihn, seine Position aufzugeben. Außerdem fühlt er sich dort ausgesprochen wohl. Der Golfplatz und die Skipisten sind in erreichbarer Nähe. Er fährt so gern in die Berge.«

»Manchmal sind andere Dinge wichtiger.«

»Ich weiß«, sagte ich und dachte über seine Worte nach.

Mir waren wirklich ganz andere Dinge wichtig. Es machte zwar Spaß, ein Wochenende in Kitzbühel zu verbringen, beim berühmten Abfahrtsrennen zuzuschauen und in prominenter Gesellschaft einen Sekt zu trinken, aber am wohlsten fühlte ich mich mit meiner Tochter und meinem Mann, vorausgesetzt, er war in guter Stimmung. Doch das war in letzter Zeit leider nicht immer so. Vielleicht hatte er sich noch nicht gänzlich in seine Vaterrolle eingelebt. Oft wirkte er angespannter und kraftloser als ich, obwohl er nachts nie aufstand, um Sarah zu versorgen. Mir hingegen ging es rundum gut. Körperlich hatte ich mich schnell von der Geburt erholt, und bis auf einige überflüssige Kilo auf den Hüften war ich beinahe in der gleichen Form wie vor der Schwangerschaft.

Vielleicht war es an der Zeit, das Heimweh loszulassen. Die räumliche Entfernung zu meiner vertrauten Umgebung brachte auch gewisse Vorteile mit sich, wie ich mir eingestehen musste. Binnen kurzer Zeit war aus dem Nesthäkchen von einst eine Frau geworden, die in einer fremden Großstadt lebte, eine feste Anstellung in einer Praxis hatte, ein Kind versorgte, einen Haushalt führte und neue Freundschaften pflegte. Wenn ich es mir richtig überlegte, konnte ich stolz auf mich sein.

»Ich freue mich schon sehr auf die Taufe«, sagte ich zum Pastor.

»Haben Sie viele Gäste eingeladen?«

»Unsere Familien und einige Freunde.«

Am darauffolgenden Sonntag fand die Zeremonie statt. Meine Freundin Nicole war mit ihrem Mann Heiner und Sohn Noah aus Süddeutschland angereist. Sie sollte Sarahs Taufpatin werden. So hatte ich es mir gewünscht: Nicole als Trauzeugin und Taufpatin. Das passte! Unser gesamter Familienanhang und unsere besten Freunde kamen in die Kirche. Nicht wenige waren von fern gekommen.

Neben dem Taufbecken hielt ich Sarah im Arm. Der

Moment rührte mich zu Tränen. Ich schluckte. Der Pastor lächelte mir zu, und mit dem tröpfelnden Wasser aus dem Taufbecken strich er über Sarahs Stirn und sprach den Psalm.

Nach dem Kirchgang hatte Cays Mutter ein Mittagessen für die Familienangehörigen und engsten Freunde ausgerichtet. Als sich die Gesellschaft danach auflöste und wir zu meinem Elternhaus aufbrachen, wo wir noch gemeinsam Kaffee trinken wollten, war ich erleichtert und spürte, dass es den anderen ähnlich ging. Selten hatte ich meine Familie so ruhig wie im Esszimmer von Cays Eltern erlebt. Es war merkwürdig zu beobachten, wie selbst erwachsene Männer verstummten und Löcher in die Luft starrten. Ich kannte diese Sprachlosigkeit gut, denn mir ging es dort selten anders. Trotzdem musste ich zugeben, dass ich seit der Geburt unserer Tochter langsam ein gelösteres Verhältnis zu Cays Eltern bekam.

Immer wenn Cay und ich im Norden waren, trafen wir uns auch mit Basti und Robert. Basti wusste meistens schon vorab von unserem Besuch, weil wir regelmäßig miteinander telefonierten. Es war uns zur Gewohnheit geworden, alle paar Wochen ein stundenlanges Gespräch zu führen. Mein alter Kumpel telefonierte genauso gern wie ich, und es wurde uns nie langweilig dabei. So war ich bestens über die Entwicklungen in der alten Heimat informiert. Ich wusste, wer mit wem zusammen war, wo es kriselte und wer sich getrennt hatte. Auch über Robert und seine Freundin bekam ich einige Auskünfte. Oft wählte ich Bastis Nummer, wenn ich Heimweh hatte und an die alten Freunde in der Heimat dachte. Immer wieder fragte ich ihn, wann er endlich mit Robert zum Cannstatter Wasen käme, damit wir einen Zug über den Platz machten. Aber daraus war bisher nichts geworden.

Basti war es auch, der sich um eine Verabredung kümmerte, wenn Cay und ich im Norden waren. Meistens trafen wir uns dann zu viert in einem Szenecafé in der nahe gelegenen Kleinstadt, wo man auch auf andere Bekannte stieß. Wir setzten uns an einen Tisch, bestellten Getränke und plauderten. Robert erzählte von seiner Freundin und ich von meinem neuen Leben als Mutter. Es waren ausgelassene Gespräche, bei denen auch Cay mitreden konnte. Wenn mein Mann einen seiner alten Freunde im Café entdeckte, nutzte er die Gelegenheit für einen Plausch über alte Zeiten und frischte Bekanntschaften auf.

Cay ließ es sich nie nehmen, die Rechnung für alle zu begleichen. Für ihn spielte Geld bei solchen Begegnungen keine Rolle. Es war selbstverständlich für ihn, die beiden Studenten einzuladen. Und so war Robert mir nach wie vor nahe, auch wenn er und Basti nicht bei der Taufe gewesen waren.

Mein Mann und meine kleine Sarah bedeuteten mir alles. Doch meine Familie und meine Freunde waren das Netz, das mich immer halten würde. Ich ahnte ja nicht, wie sehr ich es noch brauchen würde.

Müde

Unsere Tochter wurde ein Jahr alt, und mein Mann war antriebsärmer und müder denn je. Manchmal saß er wie ein Häuflein Elend auf dem Sofa. Es fiel mir zunehmend schwer, in ihm den Mann zu sehen, den ich vor drei Jahren kennengelernt hatte. Wie forsch und selbstbewusst er sich damals doch präsentiert hatte! *Ich bin der Größte, ich bin der Tollste, ich bin der Cay, ich will Ski laufen, ich will Marathon laufen, Tennis spielen, Cabrio fahren, shoppen, Restaurants besuchen, in Hotels übernachten, meinen Spaß haben.*

Und wie sehr er mich damit beeindruckt hatte!

Jetzt zeigte sich sein Elan allenfalls dann, wenn ich ihn mit Sarah im Versicherungsbüro besuchte und er unsere Kleine auf den Arm nahm und herumzeigte.

»Meine Tochter, meine Prinzessin! Schaut her, ist sie nicht süß! Mein Engelchen!«

Zu Hause war er ein anderer, und es kam immer häufiger zu Reibereien zwischen uns. Manchmal ging es schon los, wenn er von der Arbeit kam und Sarah auf ihn zutapste.

»Wenn ich aus dem Büro komme, brauche ich wenigstens eine halbe Stunde Ruhe. Das ist doch wohl nicht zu viel verlangt. Ich habe einen anstrengenden Arbeitstag hinter mir«, sagte er, was gleichbedeutend war mit: *Nimm Sarah bitte mit in ein anderes Zimmer. Ich kann jetzt nicht mit ihr spielen.*

»Deine Tochter freut sich, wenn du nach Hause kommst. Sie versteht nicht, dass du abweisend bist. Ein Kind hat keinen Knopf zum Ausstellen.«

»Ich lege mich kurz hin. Kannst du nicht so lange mit ihr spazieren gehen?«

»Wie bitte? Unsere Tochter muss in spätestens einer Stunde ins Bett. Sie möchte gern mit dir spielen.«

»Ich kann nicht. Mir fallen gleich die Augen zu.«

Dann legte er sich aufs Sofa und zog sich die Decke über den Kopf. Aus der halben Stunde wurde der gesamte Abend. Manchmal sprang er aber auch wieder auf, zog sich seine Laufsachen an und rannte los. Er peilte einen Marathon an. Nach seinem anstrengenden Training war er noch müder.

Was war nur los mit ihm? Ich versuchte, an ihn heranzukommen, fragte, ob er sich krank fühle oder sonst etwas nicht stimme, aber er schüttelte nur den Kopf und schob Müdigkeit vor. Ich begriff nicht, was mit ihm los war. Hatte ich für ihn an Anziehungskraft verloren? Machte ich etwas falsch? War ich zu sehr auf Sarah fixiert? Lag es an unserer Ehe? Oder hatte er sich in den vergangenen Monaten zu sehr verausgabt mit all dem Sport? Als Cay kaum noch aus diesem Tal herauskam, überlegten wir gemeinsam, ob ein Umzug in die alte Heimat nicht besser für uns wäre.

»Da können unsere Eltern uns ein wenig entlasten. Dort haben wir einen großen familiären Rückhalt«, sagte ich.

»Wäre nicht schlecht«, sagte er und gab zu, auch schon mit dem Gedanken gespielt zu haben. Doch eine kon-

krete Umsetzung dieses Vorhabens blieb aus. Cay be-
hagte die Vorstellung nicht, womöglich in einem kleineren Unternehmen und in einer untergeordneten Stellung
zu arbeiten.

Aggressiv

Sarah war zwei Jahre alt, als wir im Norden waren und mit unserem Trauzeugen Hartmut, seiner Frau Kathi, den zwei Söhnen sowie meiner Schwester mitsamt ihrem Anhang einen Ausflug in den Heidepark nach Soltau machten. Meine älteste Nichte war inzwischen neun Jahre alt und ein aufgewecktes Mädchen. Mein Neffe war sieben und damit im selben Alter wie einer von Hartmuts beiden Söhnen.

Die Kinder verstanden sich bestens und tobten ununterbrochen herum. Ich verstand mich gut mit Kathi, die genauso wie Nicole zu meinen Stuttgarter Freundinnen gehörte. Wir amüsierten uns, und ich war ohnehin immer wunschlos glücklich, wenn wir alle beisammen waren. Im Park gab es viel zu sehen und zu erleben, der Tag war ausgefüllt mit Karussellfahren, Süßigkeitenvertilgen und Herumalbern. Sarah eiferte den älteren Kindern nach und wollte am liebsten in jedes Fahrgeschäft hinein. Das Angebot konnte ihr nicht bunt, laut und schnell genug sein, aber als Zweijährige durfte sie natürlich nur ins Kinderkarussell. Ins Riesenrad konnten wir alle immerhin gemeinsam hinein. Als wir mit unserer Gondel den höchsten Punkt erreichten, traute ich mich vor Schwindel kaum, die

Augen zu öffnen. Unsere Tochter hingegen saß auf dem Schoß ihres Vaters und kreischte vor Vergnügen.

»Ich halte sie ganz fest, keine Angst«, sagte Cay und ließ sie hinunterschauen.

Als wir später von einem Karussell zum nächsten bummelten, kreuzte eine Frau mit Kinderwagen unseren Weg. Sie hatte wohl kurz nicht aufgepasst und schob ihren Wagen in Cays Hacken. Ehe ich begriff, was überhaupt los war, rastete mein Mann aus.

»Was fällt Ihnen ein? Können Sie nicht schauen, wo Sie hinfahren?«, brüllte er sie wütend an.

»Entschuldigen Sie bitte... äh, das wollte ich doch nicht«, stammelte die Frau.

»Und Sie glauben, damit ist es getan?«, schrie er weiter auf sie ein.

»Nun lass sie doch, Cay. Es ist nichts passiert«, sagte ich. Das kleine Missgeschick war kaum der Rede wert. Es war nichts als eine kurze Berührung seines Beins, die längst nicht mehr schmerzte. Aber er hatte sich nicht im Zaum. Mir war die Situation furchtbar peinlich. Cay ballte die Fäuste, und ich befürchtete schon das Schlimmste. Warum war er so wütend? Was war nur los mit ihm?

»Cay, jetzt bleib doch ruhig«, sagte nun auch Hartmut. Die Kinder blickten erstaunt auf das merkwürdige Spektakel. So hatten sie ihren Onkel noch nie erlebt.

»Ach, ich verstehe. Ich soll schön ruhig bleiben. Das hättet ihr wohl gerne. Nein, so läuft das nicht. Ich kann doch auch mal sagen, wenn mir etwas nicht passt.«

Sein Tonfall war vollkommen überzogen. Meine Familie schaute mich fragend an, aber ich war selber baff. Diese Wut und diesen irren Blick kannte ich nicht. Es war beängstigend. Sarah weinte und hielt sich an meinem Bein fest. Cay presste die Kiefer zusammen, bis die Knochen hervortraten.

Die Fremde machte sich rasch davon, und Cay ging für den Rest des Tages einige Schritte hinter uns, ohne ein weiteres Wort über den Vorfall zu verlieren. Später machte er seltsame Verrenkungen mit seinem Unterkiefer, als würde er sich dadurch entspannen. Ich wusste nicht, was ich sagen oder tun sollte, und hielt es für besser, die Sache auf sich beruhen zu lassen und als einmaligen Ausrutscher anzusehen.

Am nächsten Tag lag mein Mann ermattet im Liegestuhl und rührte sich nicht vom Fleck. Sarah spielte in seiner Nähe und weinte plötzlich. Anstatt aufzustehen und nach ihr zu schauen, warf er mir einen vielsagenden Blick zu: *Geh du! Ich kann nicht.*

Wie konnte ein sportlich ambitionierter Mensch nur so lethargisch sein? Er war einen Marathon gelaufen, hatte kürzlich drei Sätze Tennis gespielt und lag nun abgemagert und bleich auf einem Liegestuhl, als wäre er ein alter Mann. Dabei war er keine vierzig Jahre alt.

Manchmal erkannte ich ihn wirklich kaum wieder. *Lass mich, ich bin müde,* war ein Satz, den ich fast täglich hörte. Und wenn sein altes Ich für eine Weile wieder in den Vordergrund trat, dann nörgelte er an mir herum: »Sitz doch mal gerade, deine Körperhaltung ist extrem schlecht. Und kannst du nicht mal den Löffel zum Mund führen anstatt deinen Mund zum Löffel? Das sieht wirklich unmöglich aus. Deine Kinderstube war mangelhaft.«

»Cay, kannst du nicht auch mal aufstehen und dich um Sarah kümmern?«

»Nee, mach du das mal, du kannst es ohnehin viel besser.«

Und so war es dann auch. Ich war stets diejenige, die sich kümmerte. Es war nicht so, dass mich diese Aufgaben belasteten, aber ein harmonisches Familienleben stellte ich mir anders vor. Bei anderen Paaren klappte es doch auch, die Kinderbetreuung aufzuteilen und sich gegenseitig zu unterstützen. Ich tröstete mich mit dem Gedanken, er würde mehr Interesse an Sarah finden, wenn sie kein Kleinkind mehr wäre und ihn auf den Tennisplatz begleitete. Sehr gern wollte ich ein zweites Kind, weil Einzelkinder mir irgendwie leidtaten. Es kam mir unnatürlich vor, ein Kind ohne Geschwisterchen aufwachsen zu lassen. Es mussten nicht gleich vier sein wie bei meinen Eltern, aber zwei wären mein Wunsch. Doch es schien mir nicht der richtige Zeitpunkt zu sein, Cay darauf anzusprechen. Er war schon jetzt überfordert und musste erst wieder der Alte werden. Hoffentlich passierte das in naher Zukunft.

Zwischendurch gab es auch immer wieder Tage, an denen er sich normal verhielt und seine lustige Seite zum Vorschein kam. Ebenso unvermittelt verschanzte er sich dann wieder hinter seiner Antriebslosigkeit. Manchmal waren mir seine Stimmungsschwankungen regelrecht unheimlich. Ich wusste nie, woran ich bei ihm war.

In meiner Ratlosigkeit schob ich alles auf die Tatsache, dass er sich noch nicht in seine Rolle als Vater eingefunden hatte. Ganz offenbar behagten ihm die Pflichten nicht, die mit dem Aufziehen eines Kindes einhergingen. Wie sonst sollte ich mir ein solches Verhalten erklären?

Seine vor Wut funkelnden Augen bekam ich wenig später erneut zu sehen. Nach einer harmlosen Armoperation trug er eine Gipsschiene, die ich regelmäßig für ihn wechselte. Einmal stieß ich dabei unglücklich an seinen Ellenbogen. Er ging förmlich an die Decke.

»Bist du wahnsinnig geworden? Ich dachte, du bist eine professionelle Arzthelferin. Was hast du überhaupt gelernt? Das hätte sogar Petra besser gemacht«, fauchte er mich an.

Dabei muss seine Wut stärker gewesen sein als der Schmerz, denn nun packte er mich sogar am Oberarm und drückte so fest zu, dass es schmerzte.

»Cay, was tust du da? Ich habe es nicht mit Absicht getan. Entschuldige bitte! Das ist doch kein Grund, so auszuflippen. Aua, das tut verdammt weh«, sagte ich und griff an meinen Arm. Wie konnte er mich derart fest anpacken?

»Du musst aufpassen, was du tust. Fuchtelst hier rum ohne Rücksicht auf Verluste. Ist ja nur dein Mann, der die Höllenschmerzen ertragen muss.«

»Mir schmerzt der Arm jetzt auch. Was soll das? Wenn du mich noch einmal so fest anfasst, dann bin ich weg. Ich meine es ernst!«

Mir schien es, als lägen seine Nerven blank.

Am nächsten Tag fragte ich ihn möglichst unverfänglich nach seiner Arbeit. Hatte er vielleicht Probleme beruflicher Natur, die ihn über Gebühr belasteten?

»Wie läuft es eigentlich in der Firma?«

»Bestens, wie immer.«

Inzwischen war Cay befördert worden und verantwortlich für noch mehr Mitarbeiter. Trotzdem zeigte er sich in finanzieller Hinsicht manchmal regelrecht knauserig und verlangte von mir genaue Auskünfte über meine Einkäufe. Das war seltsam, denn auf der anderen Seite gab er sein Geld äußerst bereitwillig aus. Ich verstand ihn einfach nicht. Wie sollte es mit uns weitergehen? Die ganze Situation war zunehmend unbefriedigend. Mir schien es fast so, als lebten wir verschiedene Leben. Ich das Leben mit meinem Kind und er ein arbeitsreiches und ermüdendes Leben, das ihm Stimmungsschwankungen bescherte.

Immer wenn ich meine Eltern oder meine Schwestern anrief und von meinen Sorgen berichtete, hörte ich die gleichen Kommentare: *Komm zurück nach Hause!* Bei meiner Mutter klang dieser Satz beinahe ängstlich.

Hochzeitstag

Unseren Hochzeitstag wollte Cay unbedingt in Kitzbühel verbringen. Dort fühlte er sich besonders wohl, wie er gern betonte. Die Atmosphäre im mondänen Alpenort war so ganz nach seinem Geschmack. Hier verbrachte er seit vielen Jahren verlängerte Wochenenden und schaute in der Wintersaison gern beim berühmten Skirennen zu.

An unserem Hochzeitstag zeigte sich der Herbst von seiner schönsten Seite, beinah wie ein Sommertag. Cay hatte ein Zimmer in einem teuren Hotel gebucht. Nachdem wir eingecheckt hatten, gingen wir sofort auf den Tennisplatz. Sarah saß in ihrem Kindersitz neben dem Spielfeld und schlief. Ich genoss es, wenn Cay mich wie ein professioneller Trainer animierte, verbesserte und meine Möglichkeiten und Fehler auf Anhieb erkannte. Da war er wieder: der alte und gut gelaunte Cay. Es wurde ein wunderschöner Tag. Wie glücklich wir waren!

Am Abend saßen wir im Hotelrestaurant und ließen uns verwöhnen. Cay bat die Kellnerin, uns zu fotografieren. Wir setzten uns am üppig gedeckten Tisch in Pose. Diverse Weingläser, geschmackvolles Geschirr und eine beinahe unübersichtliche Anzahl schweren Bestecks untermalten das besondere Ambiente des Fünfsternehotels und machten unseren Hochzeitstag zu einem unvergesslichen Erlebnis.

Das Alpenpanorama tat ein Übriges, und ich schöpfte wieder Hoffnung auf eine harmonische Zukunft. Vielleicht gehörten unsere Probleme ja auch nur zu den üblichen Nebenwirkungen einer jungen Familie, überlegte ich.

Am nächsten Morgen blieben wir lange in unserem Zimmer und spielten mit Sarah. Immer wieder fotografierten wir unser Engelchen und kuschelten alle miteinander.

Einen ähnlich schönen Tag verbrachten wir ein halbes Jahr später im selben Hotel, als Cay seinen vierzigsten Geburtstag feierte. Für ihn gab es überhaupt keinen Zweifel daran, diesen Tag in seinem geliebten Kitzbühel zu feiern.

Auch im März lag noch Schnee, und der Ort strahlte eine besondere Schönheit aus. Die Winterlandschaft überwältigte uns fast, und ich reservierte sofort nach unserer Ankunft einen Pferdeschlitten. Es sollte eine Geburtstagsüberraschung für Cay sein. Nachdem wir Sarah warm eingepackt hatten, fuhren wir mit einem Kutscher und zwei Pferden durch die Wunderwelt.

»Herzlichen Glückwunsch, mein Schatz!«

Ich schenkte ihm eine Geldklammer, wie er sie sich schon seit Längerem gewünscht hatte. Er fand es toll, wenn Männer ihre Geldklammer aus dem Jackett nahmen und einen Schein aus der Umklammerung lösten. Über dieses Geschenk freute er sich ganz besonders.

Als unsere Kleine am Abend schlief, saßen wir mit dem Babyfon im Restaurant. Zu Cays vierzigstem Geburtstag gönnten wir uns ein erlesenes Menü. Die Kellnerinnen und Kellner trugen Tracht und waren an diesem Abend besonders aufmerksam und zuvorkommend. Als Überraschung servierten sie eine sprühende Eisbombe. Das Funken speiende Gebilde erregte die Aufmerksamkeit des gesamten Restaurants, und einige der anderen Gäste gratulierten dem *Geburtstagskind*. Cay genoss es, im Mittelpunkt zu stehen, und strahlte jeden an. Die Harmonie zwischen uns fühlte sich echt an, und ich spürte, wie mein Optimismus zurückkehrte.

Cay hatte sich selbst ein Geschenk gemacht: eine Rolex-Uhr. Wir hatten vorab darüber diskutiert, und mir schien diese Luxusuhr eine überteuerte Anschaffung zu sein.

»Können wir uns das alles überhaupt leisten?«, fragte ich ihn, als wir später bei Kerzenschein in unserem Zimmer waren.

»Keine Sorge, zum Jahresende habe ich eine ordentliche Provision bekommen.«

»Aber das kostet doch eine Menge Geld, das Hotel, die Uhr, die teuren Klamotten, das Auto, einfach alles.«

»Vergiss nicht, Kleines, ich bin der Boss! Und ich bin clever. Meistens sind es Schnäppchen, die ich für uns finde.«

Dabei lachte er, und ich fragte mich stirnrunzelnd, ob er unsere Finanzen wirklich im Griff hatte. Ein Fünfsternehotel als Schnäppchen? Eine Rolex? Aber wie sollte ich einem erfolgreichen Versicherungsmakler in finanziellen Dingen misstrauen? Mir selbst fehlte der Überblick, auch wenn Cay mir regelmäßig etwas vorrechnete. Die Zahlenreihen, die er auf ein Blatt Papier schrieb, rechnete ich jedoch nie nach. Vielleicht hätte ich es tun sollen? Doch seine Selbstsicherheit zu Beginn unserer Beziehung hatte in mir nie auch nur einen Funken Zweifel daran geweckt, dass er sein Leben unter Kontrolle hatte. Warum aber fühlte ich mich plötzlich verunsichert?

»Schau mal, Kleines, das ist mein Gehalt für Januar, dann bekomme ich noch eine Provision und ein Honorar für den Vortrag im Dezember. Aus Investitionen fällt auch etwas ab.«

Er sprach von vierzehn Gehältern, und ich dürfe schließlich nicht vergessen, wie günstig er bei seinen Beziehungen einen Kredit bekam. Manchmal zeigte er mir einen Gehaltszettel und notierte darauf zusätzliche Zahlen für Schulungen und Vorträge, sodass ich den Anschein bekam, alles halte sich im Rahmen. Seltsam fand ich allerdings, dass er am Wochenende zuvor seiner Exfreundin Petra beim Renovieren ihrer Wohnung geholfen hatte und dabei *etwas Geld dazuverdiente*, wie er sich ausdrückte.

Cay war seltsam unstet, wenn es um sein Verhältnis zu Geld ging. Großzügiges Verhalten wechselte mit Knausrigkeit. Ich staunte, wie er unzählige Abendstunden mit dem Schleifen einer Arbeitsplatte verbrachte, um Kosten zu sparen. Wenig später lud er mich zum Essen in ein teures Restaurant ein. Obwohl mir diese Widersprüche auffielen, erschienen sie mir normal. Mir fehlte die Erfahrung. Meine eigenen Eltern führten ein völlig anderes Leben, und in meiner Beziehung zu Robert hatten wir niemals viel Geld gehabt. Wertgegenstände hatten uns nichts bedeutet, wir hatten ja uns.

Cay aber trug seine Rolex mit Stolz und achtete darauf, sie möglichst sichtbar unterm Hemdsärmel hervorlugen zu lassen.

Alltag

Inzwischen arbeitete ich wieder an zwei Abenden in der Woche für einige Stunden in der Praxis. Wenn Cay aus dem Büro kam, übergab ich ihm unser Engelchen und verschwand. Sarah hatte ein Alter erreicht, in dem es besonderen Spaß machte, mit ihr zu spielen und ihre rasanten Entwicklungsschübe hautnah mitzuerleben. Sie war ein wunderbares Mädchen. Ihre blonden Locken wurden immer glatter und länger, ganz so wie bei mir.

Jeden Morgen freute ich mich, wenn sie an mein Bett kam und mich weckte. Sie schien alles zu verstehen, und ihr Wortschatz war bereits enorm. Ich sprach viel mit ihr und erklärte ihr, wenn ich eine Regel aufstellte oder sie aufforderte, etwas Bestimmtes zu tun. Meistens hörte sie mir geduldig zu und wog das Für und Wider meiner Bitten ab. Sollte sie wirklich nur *ein* Stückchen Schokolade essen und danach einen Apfel? Oder lieber weiterquengeln und um ein zweites Stückchen betteln? Als Konsequenz musste sie sich dann aber mein entschiedenes *Nein* und eine lange Erklärung anhören. Das wusste sie bereits ganz genau.

Im Winterurlaub konnte ich stundenlang mit ihr rodeln und im Schnee tollen. Es war herrlich, unserer Kleinen beim Schlittenfahren zuzuschauen. Sie war zwei Jahre alt, strotzte vor Energie und war tollkühn. Wenn sie mit Karacho einen Hang hinunterraste, fragten Cay und ich uns, von wem sie das wohl hatte. Sie war pfiffig und selten launisch. Wir hatten die tollste Tochter der Welt! Auch ihr Papa war begeistert von ihr.

Manchmal verwandelte Sarah mich selbst wieder in ein Kind. Wenn ich mit ihr spielte, kam sie mir manchmal vor wie eine kleine Freundin. Bei gutem Wetter verbrachten wir den ganzen Tag draußen. Morgens nach dem Frühstück zogen wir uns an und tobten im Winter im Schnee und im Sommer im Sand an einem See. Manchmal besuchten wir Freunde oder andere Mütter mit kleinen Kindern oder verabredeten uns auf einem Spielplatz. Dabei konnten wir uns schon richtig unterhalten. Meine Tochter würde mir immer nah sein, so fühlte ich es und freute mich auf jeden neuen Tag mit ihr. Ach, wenn sie erst einmal in den Kindergarten ging und noch mehr verstand! Mit ihr wurde es nie langweilig.

Wie schon in den Jahren zuvor verbrachten wir gelegentlich einen Kurzurlaub mit unseren Freunden Nicole und Heiner und ihrem Sohn Noah. Der Kleine war nur ein halbes Jahr älter als Sarah, und so passten die beiden gut zusammen. Bei vier Erwachsenen und zwei Kindern konnte man sich die Aufgaben um die Kleinen ein wenig aufteilen, und ich hatte mir anfangs vorgestellt, Sarah auch mal für einige Stunden an Cay abzugeben, um mich zu entspannen. Doch dabei spielte mein Mann nur ungern mit. Entweder lag er müde und erschöpft auf dem Sofa oder hatte etwas Besseres zu tun. Als Nicole und ich eines Morgens von unserer gemeinsamen Joggingrunde zurückkamen, war Noah frisch gewickelt und angezogen. Sarah hingegen lief mit voller Windel, ungewaschen und im

Nachthemd umher. Der Geruch kam mir schon von Weitem entgegen.

»Cay, hättest du sie nicht mal wickeln können? Glaubst du, es ist schön für Sarah, mit einer vollen Hose herumzulaufen?«

»Nun reg dich doch nicht gleich auf. So früh am Morgen. Wir sind im Urlaub.«

»Was ist so schlimm daran, unsere Tochter zu waschen und anzuziehen?«

»Meine Güte, es kommt doch nicht auf fünf Minuten an.«

»Bei dir kommt es nie darauf an. Du wartest lieber, bis ich wieder da bin und alles erledige.«

»Stimmt genau«, sagte er mit einem ironischen Unterton, der mich wütend machte. Mir lief der Schweiß von der Stirn, ich hatte Durst und wollte unter die Dusche springen. Doch nun musste ich mich zunächst um Sarah kümmern, während Cay am Tisch saß und in der Zeitung blätterte. Sicher wartete er darauf, dass jemand das Frühstück für ihn bereitete.

»Ich finde es unmöglich, wie du dich verhältst. Deine Tochter läuft mit einem Stinker herum, und du rührst dich nicht mal.«

»Reg dich ab. Wenn ich morgens in die Firma fahre, nimmt mir das auch keiner ab.«

»Ach, daher weht der Wind.«

»Einer muss ja das Geld nach Hause bringen. Wovon würden wir sonst in Urlaub fahren und uns all die schönen Dinge leisten?«

»Verstehe.«

Ich nahm Sarah und ging mit ihr ins Bad, nicht ohne die Tür hörbar ins Schloss fallen zu lassen.

Als Sarah einige Stunden nach dem Mittagessen quengelte, wusste ich sofort, dass sie Hunger hatte.

»Kannst du ihr nicht mal ein Brot schmieren?«, fragte ich Cay. Die anderen waren spazieren gegangen.

»Ich wollte grad ins Bad und meine Fußnägel schneiden. Du liest doch den ganzen Tag diese trivialen Schmöker. Wie kann man nur solchen Schund lesen? Steh du doch auf und mach ihr was zu essen.«

»Erstens kümmere ich mich die meiste Zeit des Tages um unsere Tochter, und zweitens sind diese Bücher sehr interessant. Du kannst überhaupt nicht beurteilen, wovon sie handeln, weil du nicht mal reinschaust. Lass mich doch auch mal lesen. Wir sind im Urlaub. Es ist so herrlich entspannend. Bitte, schmier du ihr ein Brot. Mein Buch ist gerade so toll. Ich kann jetzt nicht aufhören. Nur fünf Minuten.«

»Was ist das denn überhaupt für ein Mist?«

»Die Rosenzüchterin.«

»Klingt ja wirklich hoch spannend«, sagte er mit einem sarkastischen Unterton und ging ins Bad.

Ich konnte Cays Verhalten nicht verstehen. Warum zeigte er so wenig Interesse an seiner Tochter? Auch wenn man oft genug beobachten konnte, wie er unser Engelchen knutschte, drückte und in die Höhe warf, wie er sie stolz herumzeigte und in den höchsten Tönen von ihr sprach, so war er doch auffallend zurückhaltend, wenn es um die praktische Seite der Vaterschaft ging. Wir hatten beim Frühstück sogar eine Diskussion zu viert geführt, aber weder Nicole noch Heiner konnten ihn davon überzeugen, dass häusliche Aufgaben dazugehören, wenn man eine Familie hat. Manchmal schien es Cay sogar egal zu sein, wie seine Tochter sich fühlte, ob sie Hunger hatte, ihre Windel voll war oder sie Hals über Kopf von einem Spielgerät zu stürzen drohte. Er war seltsam gleichgültig …

Als ich Nicole darauf ansprach, nickte sie zustimmend. Ja, Cay war irgendwie anders.

»Schmiert er denn nie ein Brot für Sarah?«, wollte meine Freundin wissen.

»Nein, eigentlich nicht. Und wenn er von der Arbeit nach Hause kommt, dann will er seine Ruhe haben.«

»Für eine *halbe Stunde* kann ich das verstehen«, sagte Nicole und lächelte. Eine *halbe Stunde* war zu einem geflügelten Wort geworden, weil Cay es oft benutzte. Er wollte sehr häufig eine *halbe Stunde* Ruhe haben. Doch daraus wurde oft der ganze Abend.

»Heiner freut sich, wenn er abends Noah sehen und entdecken kann, wie er sich schon wieder weiterentwickelt hat.«

»Das geht alles an Cay vorbei. Manchmal weiß ich nicht mehr weiter. Es ist frustrierend.«

»Bist du wirklich noch glücklich mit ihm?«

Ich schüttelte den Kopf.

Wie sollte es nur weitergehen? Er definiere sich über Äußerlichkeiten, nicht über seine Familie, hatte Nicole wie nebenbei im Lauf unseres Gesprächs gesagt, und die Worte hallten in mir nach. Sie hatte recht. Ich brauchte nur an die langen Diskussionen über seine Rolex zu denken und daran, dass er von einem Porsche träumte. Eines Tages wollte er unbedingt einen Porsche fahren. Ob darin ein Kindersitz Platz fand, war ihm egal. Mit Geschäftskunden ging er gern in teure Restaurants und wurde nicht müde, damit zu prahlen. Kitzbühel und Markenkleidung konnten ihn begeistern. Ob er genauso begeistert von seiner Familie sprach, wagte ich inzwischen zu bezweifeln. Vielleicht waren wir ihm längst auch egal oder sogar hinderlich?

Nein, glücklich war ich schon lange nicht mehr. Zu unterschiedlich waren unsere Wünsche an das Leben, dachte ich.

Wieder verliebt

Seit Monaten freute ich mich auf die Reise in den Norden zu meiner Familie. Ich wollte einen ganzen Monat bleiben, so lange wie seit meinem Umzug nicht mehr. Ich konnte die Zeit bis zur Abreise kaum abwarten. Wenn Cay und ich mal wieder aneinandergerieten oder er desinteressiert auf dem Sofa lag, dann tröstete ich mich mit der Aussicht auf einen Monat *Heimaturlaub*.

Seit Wochen fragte ich mich, wie lange unsere Ehe wohl noch halten würde. Wir lebten uns immer mehr auseinander. Cay gab mir das Gefühl, ich hätte sein einstiges Leben umgekrempelt. Früher war es ihm doch immer gut gegangen. Er war der *tolle Cay* gewesen, war unabhängig, erfolgreich und sportlich gewesen. Und nun? Nur noch ein Nörgler und Schatten seiner selbst. Meistens versuchte ich die Misere unseres Beisammenseins zu ignorieren. Die Tage vergingen wie im Flug, ich genoss die Zeit mit Sarah, arbeitete gern in der Praxis und hoffte insgeheim auf ein Wunder.

Ende Mai war es endlich so weit. Ich nahm fast meinen gesamten Jahresurlaub, weil meine Schwester Ramona heiratete und ich bei den Vorbereitungen helfen wollte. Gemeinsam fuhren Cay, Sarah und ich in den Norden, aber mein Mann konnte nur eine Woche bleiben, weil er in der Firma gebraucht wurde. Vom ersten Moment an fühlte ich mich wieder zu Hause, und die Aussicht auf mehrere Wochen in der Heimat beflügelte mich regelrecht. Das Wohlgefühl verstärkte sich noch, nachdem Cay abgereist war. Es kam einem Aufatmen gleich, nachdem wir fast ständig Auseinandersetzungen gehabt oder schlichtweg aneinander vorbeigelebt hatten. Im Kreis meiner Familie und alten Freunde entdeckte ich eine unbändige Freude in mir, die viel zu lange gedämpft gewesen war. Stundenlang telefonierte ich mit Freunden, verabredete mich oder saß plaudernd bis in die Nacht hinein mit meiner Schwester Anja auf der Terrasse.

Sarah und ich hatten uns bei Anja einquartiert. Bei ihr liefen die Tage nach einem Rhythmus ab, der mir gefiel. Wir weckten die Kinder, frühstückten, schickten die Größeren zur Schule, aßen oft gemeinsam zu Mittag und spielten mit ihnen. Ich konnte Anja einige Arbeiten abnehmen, und sie kümmerte sich um Sarah, wenn ich mich am Abend mit Jugendfreunden verabredete. Ich lebte auf, und auch Sarah fühlte sich hier pudelwohl. Anja war begeistert von ihrer kleinen Nichte, die voller Tatendrang und Witz die Tage durchlebte. Stundenlang fuhr Sarah mit ihrem Bobby-Car auf dem Hof umher. Wenn ihr Cousin aus der Schule kam, rollte sie ihm ein Stück entgegen.

»Luuukas, komm … Essen ist fertig!«, rief sie laut und deutlich, wenn sie ihn sah. Einmal standen Anja und ich in der Hofeinfahrt eines Nachbarn und unterhielten uns mit ihm. In der Nähe lag seine Tiefgarageneinfahrt, die er jedoch nicht nutzen konnte, weil sie viel zu steil geraten war. Eine Treppe führte zwischen den beiden Fahrspuren hinunter. Während wir in unser Gespräch vertieft waren, hörten wir ein merkwürdiges Geräusch. Es war ein gleichmäßiges Scheppern, zehn- oder zwölfmal, gefolgt von einem dumpfen Stoß und einer Pause, bis es wieder gleichmäßig zu scheppern begann.

Wir wunderten uns darüber, aber unternahmen zunächst nichts. Mein Neffe fuhr auf der Straße Fahrrad. Wo war Sarah überhaupt? Und dann sah ich sie, wie sie mit ihrem Bobby-Car die steile Treppe zur Garage hinuntersauste und gegen das Tor rumste. Mühsam schleppte sie ihren fahrbaren Untersatz wieder herauf und sauste erneut hinunter.

»Mama, guck, was ich kann! Richtiges Auto«, rief sie, als sie mich sah.

»Deine Nichte! Schau mal, Anja, was sie nun schon wieder anstellt.«

»Woher hat sie diesen Mut?«, wollte meine Schwester von mir wissen und lachte.

Ich mochte kaum hinschauen, so waghalsig wirkte das Manöver. Mein Engelchen war wirklich ein Prachtstück.

Zu Roberts Eltern hatte ich in den letzten Jahren einen sporadischen Kontakt gehalten. Nun war endlich genügend Zeit, sie zu besuchen und ihnen meine kleine Sarah vorzustellen. Da ich kein Auto hatte, schlug Robert vor, mich abzuholen. Außerdem wollte er mir gern seinen neuen Wagen vorführen. Er kam gemeinsam mit Basti.

»Wozu brauchst du eigentlich einen Kombi?«, fragte ich ihn mit einem scherzhaften Unterton.

»Wer weiß, was noch kommt«, konterte er und schmunzelte.

»Oh, planst du etwas Größeres? Ist Zuwachs im Anmarsch?«

»Nun hör aber auf! Ich bin Single.«

Dann halfen mir die beiden mit dem Kindersitz für Sarah, und wir brausten los. Selbst diese kleine Spritztour machte mir große Freude. Ich fühlte mich so frei dabei, mit meinen beiden Freunden durch vertraute Straßen zu fahren.

Wir verbrachten einen netten Nachmittag mit seinen Eltern, der meine Laune noch steigerte. Sarah spielte im Garten, und Roberts Mutter war begeistert von meiner Kleinen. Sogar meine *Jugendliebe* beschäftigte sich eine Weile mit ihr.

»Sie spricht so toll«, sagte Robert.

»Wie meinst du das?«

»Ihr Wortschatz ist enorm für eine Zweijährige. Ein kluges Mädchen.«

»Sie ist schon fast zweieinhalb und kommt eben ganz nach ihrer Mutter«, kokettierte ich mit einem Augenzwinkern.

»Das hatte ich auch nicht anders erwartet.«

Ich fühlte mich rundum wohl.

Zum Abschied fragte Robert mich, ob ich nicht am nächsten Tag zu seinem Geburtstag kommen wolle. Und wie ich wollte! Schon jetzt fühlte sich das Zusammensein mit ihm und Basti so vertraut an, als wäre ich nie weg gewesen.

Am nächsten Tag machte ich mich hübsch und freute mich auf die Party.

»Katja, du siehst wieder bezaubernd aus!«, begrüßte Roberts Vater mich, als Anja mich vor der Tür absetzte.

Ich war ein wenig überrascht, als ich feststellte, dass ich neben Basti der einzige Gast war. Eine Party war das nicht, nur ein Beisammensein mit seinen Eltern. Später war noch ein abendlicher Bummel durch die Cafés und Kneipen der Stadt geplant. Das vertraute Gefühl von einst verstärkte sich im Laufe des Abends mit Robert immer mehr. Wir scherzten und amüsierten uns, als wären wir die besten Freunde und ständig beisammen, so wie früher.

Mir fiel auf, dass Robert sich verändert hatte. Er wirkte viel reifer und noch aufmerksamer als damals. Im letzten Jahr hatte er seine Ausbildung abgeschlossen und arbeitete als Industriekaufmann. Es war schön, bei seinem 25. Geburtstag dabei zu sein. Ich wich kaum von seiner Seite, und auch als wir später in die Stadt fuhren, um andere Freunde zu treffen, saßen wir die ganze Zeit nebeneinander und plauderten.

Die Zeit verging viel zu schnell, und eh ich mich versah, graute bereits der Morgen.

Anja ließ es sich nicht nehmen, mich am folgenden Tag mit meinem *Rendezvous* aufzuziehen.

»Es war sein Geburtstag. Es waren noch andere Gäste da. Es ist nicht das, was du denkst«, konterte ich.

»Verstehe. Und wann seht ich euch wieder?«

»Er holt mich später ab. Ich gehe mit ihm und den anderen auf eine Vatertagstour.«

»Oh, interessant. Meine Schwester hat täglich eine Verabredung und zufällig immer mit ihrem Exfreund.«

»Nun hör schon auf.«

»Gefällt er dir wieder?«, fragte sie mich unvermittelt.

Ich nickte, und sie grinste schelmisch.

Der Ausflug bestand aus einem langen Spaziergang mit vielen Freunden. Robert und ich zogen stundenlang gemeinsam einen Handkarren mit Getränken über Rad- und Feldwege, wie es bei solchen Touren üblich ist. Dabei unterhielten wir uns ununterbrochen. Ich sagte ihm, dass bei Cay und mir die Luft raus sei und ich unsere Ehe als gescheitert ansehe. Robert stellte interessierte Fragen, und ich redete mir den Kummer von der Seele. Je mehr er über mich wusste, desto besser, dachte ich.

Robert schien sich immer wohler zu fühlen und mich plötzlich mit anderen Augen zu sehen. Sein Blick war tiefer, und ich glaubte eine besondere Zuneigung darin zu entdecken. Ich hätte noch hundert Kilometer an seiner Seite durch die Landschaft wandern können. Die anderen Teilnehmer der Vatertagstour interessierten uns kaum.

»Ich will nicht zurück nach Stuttgart. Ich möchte hierbleiben. Dieser Wunsch wird mit jedem Tag stärker. Ich kann mir kaum noch vorstellen, dorthin zurückzugehen. Hier fühle ich mich wohl. Es ist ein ganz anderes Lebensgefühl für mich. Hier bin ich glücklich.«

»Das höre ich gern«, sagte Robert.

»Als Cay vor zwei Wochen mit mir hier hochgefahren kam, haben wir bei meinen Eltern übernachtet. Zwischendurch hat er sich mit einer alten Freundin getroffen. Die beiden hatten mal was miteinander. Und weißt du was? Ich habe mich richtig darüber gefreut.«

»Wieso?«

»Ich habe beinahe gehofft, die beiden würden sich näherkommen. Wenn ich ehrlich bin, dann muss ich mir eingestehen, dass ich ihn nicht mehr liebe.«

»Klingt alles kompliziert. Vor allem wegen der großen Entfernung und wegen Sarah.«

»Ja, ich weiß. Ich mag nicht darüber nachdenken, aber es ist aus und vorbei. Wir passen nicht mehr zusammen. Er hat sich vollkommen verändert.«

»Findest du? Er war doch wie immer, als wir uns neulich kurz im Café trafen. Lustig und spendabel, so wie man ihn kennt.«

»Das ist nur ein Gesicht von ihm. Zu Hause ist er meistens ganz anders. Ich erkenne ihn manchmal gar nicht wieder. Ich weiß nicht mal, ob er mich noch liebt. Wir leben nebeneinander her.«

»Was hast du vor?«

»Ich muss es ihm sagen.«

Es war schon dunkel, als ich nach Hause kam, und

das wollte Ende Mai etwas heißen. Wir hatten über zwölf Stunden Seite an Seite verbracht. Schon lange hatte ich mich nicht mehr so wohlgefühlt.

Überglücklich fiel ich ins Bett. Meine kleine Sarah schlief neben mir. *Ich bleibe hier!*, schoss es mir durch den Kopf. *Ja, wir bleiben hier!* Und dann hörte ich das vertraute Geräusch einer eingehenden SMS. Bevor ich aufs Display schaute, wünschte ich mir innig, dass sie von Robert kam.

Schlaf gut und träume was Schönes. Habe den Tag mit dir sehr genossen. HDL

Mein Herz hüpfte, und in meinem Bauch kribbelte es.

Danke schön. Es war ein total schöner Tag. ILD

Diese SMS raubte mir fast die Luft. Was hatte ich da geschrieben? ILD, ich liebe dich! Aber es war so. Ich liebte ihn wieder. Die Liebe war zurückgekehrt. Was mochte er über mich denken? Ich wurde immer nervöser und starrte auf mein Handy.

ILDA. Wir müssen reden.

Meine Gefühle für Robert waren mir plötzlich vollkommen klar. Er war der Mann meines Lebens. Ich liebte ihn. Sosehr ich mich auch über dieses wunderschöne Gefühl freute, so schwierig erschien mir ein Gespräch mit Cay. Wie sollte ich es ihm erklären? Und wann? Mir konnte es plötzlich nicht schnell genug gehen.

Ich war immer ehrlich zu meinem Mann gewesen, und so sollte es bleiben. So bald wie möglich musste ich mit ihm sprechen. Am Wochenende war die Hochzeitsfeier meiner Schwester. Danach wollte ich noch einige Tage bleiben. Bis zu meiner ursprünglich geplanten Rückreise konnte es nicht warten. Ich sollte ihn anrufen... Wie konnte ich mich mit Robert treffen, mich wieder in ihn verlieben und meinen Mann in Ahnungslosigkeit lassen? Nein, es musste so schnell wie möglich Klartext gesprochen werden. Zur Not eben auch am Telefon. Am nächsten Abend atmete ich tief durch und wählte unsere Stuttgarter Nummer. Um diese Uhrzeit war Cay sicher zu Hause.

»Hier ist Katja, wie geht es dir?«

»Gut! Ich komme grad vom Laufen. So lange und so schnell war ich ewig nicht mehr unterwegs. Hat richtig Spaß gemacht.«

»Das freut mich. Siehst du, wenn wir nicht da sind, dann kannst du machen, was dir gefällt.«

»Ja, stimmt. Ich bin richtig gut drauf. Und dann beginnt in der nächsten Woche auch noch die WM. In der Stadt ist schon jetzt richtig was los.«

»Cay, ich möchte dir etwas Wichtiges sagen. Das kann nicht länger warten. Höre mir bitte gut zu: Ich weiß nicht genau, wo ich anfangen soll, aber ich werde versuchen, mich verständlich auszudrücken.«

»Das klingt aber ernst.«

»Ist es auch. Seitdem wir Sarah haben, hast du dich verändert. Ich kann es mir nur damit erklären, dass du ganz offensichtlich kein Familienmensch bist. Im Gegensatz zu mir. Vielleicht bist du nicht dafür geschaffen und fühlst dich wohler, wenn du allein lebst. Bei mir ist das vollkommen anders. Merkst du nicht, wie unsere Tochter unter unserer Unzufriedenheit und unseren Reibereien leidet? Sie spürt doch auch, dass etwas nicht stimmt. Sarah und mir geht es hier oben richtig gut. Und du könntest ohne uns deine Interessen auch wieder besser ausleben.«

»Puh, was soll ich dazu sagen? Mir geht es auch nicht schlecht, seit ich allein bin. Ich war endlich wieder joggen. Es fühlte sich super an, und am Wochenende habe ich sogar Golf gespielt.«

»Siehst du! Schön, das freut mich. Wir beide haben ganz unterschiedliche Interessen. Das habe ich in den letzten Wochen, seitdem ich hier oben bin, noch viel deutlicher gemerkt. Cay, ich glaube, es ist besser für uns beide, wenn wir uns trennen.«

Ich wartete auf eine Reaktion. Er sagte zunächst nichts, und so versuchte ich es mit weiteren Erklärungen, die ich mir in den letzten Tagen immer wieder überlegt hatte.

»Ich weiß, dass es mit uns nicht so gut läuft, aber müssen wir uns denn gleich trennen?«, fragte er schließlich.

»Was heißt *gleich*? Es ist keine spontane Entscheidung von mir, sondern gut überlegt. Es kriselt doch schon seit Langem. Ich kann nicht mehr zurück.«

Wieder schwieg er und schien fieberhaft nach einer Lösung zu suchen.

»Katja, kommt erst mal nach Hause, kommt nach Stuttgart«, bat er schließlich. »Wir sollten uns hier in Ruhe aussprechen. Setzt euch in den Zug und kommt hierher. Danach kannst du wieder hochfahren.«

»Was? Nein, warum sollte ich jetzt runterkommen?«

Es entstand eine lange Pause, in der ich meine Gedanken zu sortieren versuchte. Es kam mir seltsam vor, ein derart wichtiges Gespräch am Telefon zu führen, aber ich konnte meine Empfindungen nicht länger für mich behalten. Ich war mir absolut sicher. Ich wollte die Scheidung von Cay.

»Ich kann nicht mehr zurück in unser altes Leben.«

»Dann versuchen wir ein anderes.«

»Das wird nicht funktionieren.«

Unser Gespräch drehte sich im Kreis. Als ich das Gefühl hatte, meinen Standpunkt klar und deutlich gesagt zu haben, verabschiedete ich mich von Cay. Es war raus, zumindest teilweise, und ich war erleichtert.

Am nächsten Tag kam Robert zu mir. Ich war aufgeregt wie ein Teenager. Er gab mir einen vorsichtigen Kuss. Dann gingen wir spazieren.

»Wir müssen ernsthaft reden«, sagte er in einem Tonfall, den ich nicht von ihm kannte. Er wirkte plötzlich so erwachsen und vorausschauend. Er hielt meine Hand und sah mich aus verliebten Augen an. Es war ein seltsames Bild: Diesen Blick kannte ich noch von Sylt, damals, als wir uns kennengelernt hatten und er mich umgarnte. Nun war dieser Blick ernster, und seine Worte zeigten Bedacht und keine Abenteuerlust.

»Wie soll das funktionieren mit uns?«, fragte er.

»Ich sagte dir doch schon: Meine Ehe ist gescheitert.«

»Du willst dich scheiden lassen?«

»Ehrlich gesagt, habe ich dieses Wort bisher noch nicht in den Mund genommen, aber ich spüre deutlicher denn je, dass es keinen Sinn mehr macht, diese Ehe aufrechtzuerhalten und unser Leben so weiterzuführen wie bisher. Das Glück und die Zufriedenheit werden nicht zurückkehren. Cay und ich, wie soll ich sagen, wir passen nicht zusammen. Er hat andere Vorstellung vom Leben, besonders vom Familienleben. Manchmal kommt es mir so vor, als würden Sarah und ich sein Leben stören.«

»Ich weiß nicht genau, was du meinst.«

»Es klingt merkwürdig, ich weiß. Aber ich kann nicht mehr zurück. Ich habe es Cay gestern gesagt.«

»Was hast du gesagt?«

»Dass ich hierbleibe.«

»Und hast du ihm auch etwas über uns gesagt?«

»Noch nicht, aber das werde ich bald machen, spätestens in den nächsten Tagen. Es ist nicht meine Art, etwas durcheinanderzubringen. Ich möchte klare Verhältnisse und muss es ihm unbedingt sagen. Erst muss das eine geklärt sein, bevor ich etwas anderes anfangen kann. Cay soll alles wissen.«

»Das ist hart.«

»Ja, aber es ist die Wahrheit. In dieser Ehe werden wir

nie mehr glücklich werden, das habe ich jetzt erkannt. Wir haben so oft über unsere Probleme gesprochen und versucht, sie zu lösen. Aber ich glaube, wir passen einfach nicht zusammen. Es ist besser, sich das jetzt einzugestehen, anstatt jahrelang an einer kaputten Verbindung festzuhalten und vergeblich darum zu kämpfen. Auch unsere Tochter leidet unter den Reibereien und der angespannten Atmosphäre. Für alle ist es das Beste.«

»Du wirkst so entschlossen.«

»Das bin ich auch. Seitdem ich vor drei Wochen hierhergekommen bin, haben mein Denken und Fühlen sich verändert. Und seitdem wir beide … also, seitdem auch wir uns wieder nähergekommen sind, weiß ich zumindest, wo mein Platz nicht mehr ist: in Stuttgart bei Cay. Aber glaube mir: Es ist nicht leicht. Und sehr traurig.«

Robert drückte meine Hand. Schweigend gingen wir nebeneinander her. Mir wurde ganz warm, und deutlich spürte ich, dass mich eine glückliche Zukunft an seiner Seite erwarten würde. Wir beide gehörten zusammen. Daran hatte ich überhaupt keinen Zweifel mehr. Wir gehörten schon vor sechs Jahren zusammen, nur waren wir offenbar nicht bereit gewesen. Oft genug hatte ich mir Vorwürfe wegen meiner Eifersucht gemacht. Das würde nun anders werden. Nicht nur er war reifer geworden.

»Weißt du eigentlich, dass meine Mutter unserer Beziehung immer noch hinterhertrauert?«, fragte ich Robert.

»Ich auch. Katja, ich habe mich wieder total in dich verliebt. Eigentlich habe ich dich immer geliebt.«

Ich genoss seine Worte und ließ sie auf mich wirken. Später setzte er mich zu Hause ab und fuhr davon. Mir stand ein weiteres Telefonat bevor. Doch zuvor wurde die Hochzeit meiner Schwester Ramona gefeiert.

In meiner Familie war meine Annäherung an Robert ein großes Thema. Auch wenn er unter den gegebenen Umständen selbstverständlich nicht zur Hochzeit eingeladen wurde, so vermisste nicht nur ich ihn. Ich tanzte wie ein verliebtes Mädchen in Gedanken an ihn.

Meine Mutter war froh über die Entwicklungen. Ihrer Meinung nach hatten Robert und ich schon immer zusammengehört. Immer wenn sie ihn in den letzten Jahren zufällig in der Stadt getroffen hatte, hatte sie mir davon berichtet. *Ihr Robert.* Das war der Mann, den sie sich für mich wünschte.

Andererseits machte sie keinen Hehl aus ihren Befürchtungen, und auch mein Vater zeigte Bedenken angesichts einer Trennung. Was sollte aus Sarah werden? Das war die größte Sorge meiner Eltern. Würde Cay vernünftig sein oder es auf einen Streit um Sorge- und Besuchsrechte ankommen lassen?

»Am liebsten würde ich das Engelchen zu uns nehmen. Bei uns hat sie es gut und ist weit weg von irgendwelchen Streitigkeiten«, sagte meine Mutter.

»Aber Mama, was redest du da? Sarah bleibt selbstverständlich bei mir. Da müsst ihr euch überhaupt keine Sorgen machen. Ich bin die Mutter.«

»Das weiß ich doch, und ich weiß auch, dass du eine gute Mutter bist. Euch beide möchte ich hier haben. Wie oft habe ich dir schon gesagt, du sollst hierher zurückkommen? Aber du musst auch an Cay denken, er ist der Vater. Er hat ein Anrecht auf seine Tochter.«

»Mir gefällt das alles nicht«, warf mein Vater ein. »Eine Scheidung ist eine komplizierte und traurige Angelegenheit. Und wenn er dann noch erfährt, dass du dich wieder mit Robert triffst … Katja, ich habe kein gutes Gefühl dabei. Das gibt wieder Streit«, sagte mein Vater.

»Ihr dürft nicht denken, Cay und ich streiten uns ständig. Wir leben einfach nur in unterschiedlichen Welten. Er ist kein Familienmensch. Oft glaube ich, er will seine Unabhängigkeit wiederhaben. Er liebt seine Prinzessin, aber es ist ihm oft zu viel mit allem. Was genau mit ihm los ist, verstehe ich auch nicht. Früher war er immer so energiegeladen und lustig. Jetzt fehlt ihm oft jeglicher Antrieb. Es kommt mir so vor, als würden wir ihn stören und ihm auf die Nerven gehen.«

»Du und Robert, ihr wart ein schönes Paar. Ich wünsche mir nichts sehnlicher, als dass du wieder glücklich mit ihm wirst. Aber da gibt es nun mal Sarah, und Cay liebt sie, woran niemand zweifelt. Hoffentlich findet sich ein Weg«, sagte meine Mutter.

»Es muss sich ein Weg finden.«

Der Anfang vom Ende

Cay war sofort am Apparat.

»Katja, du musst nach Stuttgart kommen. Ich muss mit dir reden.«

»Ich möchte hierbleiben und kann jetzt nicht zurückkommen.«

»Wir müssen uns auch nicht hier in unserer Wohnung treffen. Dort ist alles viel zu persönlich und vertraut, schließlich war oder ist es unser gemeinsames Zuhause. Und so wie du dich ausdrückst, wird es das vielleicht schon bald nicht mehr sein. Aber am Telefon funktioniert solch ein Gespräch nicht. Ich muss dich sehen. Wir können uns in einem Hotel treffen. Ich buche ein schönes Zimmer für uns«, schlug Cay schließlich vor.

»Nein, wozu? Was soll ich in einem Hotel? Das möchte ich nicht. Ich bleibe hier.«

»Gut, dann machen wir es anders. Ich werde mir kurzfristig freinehmen. Ich komme hoch zu euch. Es muss doch eine Lösung für unsere Ehe geben.«

»Cay, ich weiß nicht ... ich glaube nicht. Es gibt da noch etwas, das ich dir sagen möchte. Ich fühle mich hier nicht nur wohler, weil ich bei meiner Familie bin. Ich bin ein ganz anderer Mensch, auch weil ich meine alten Freunde treffen kann und alles so vertraut für mich ist. Hier bin ich viel mehr bei mir selbst. Und es kommt noch etwas anderes hinzu.«

»Was denn?«

»Es geht um Robert.«

»Um Robert?«

»Ich empfinde wieder etwas für ihn.«

»Was? Wie meinst du das? Hast du was mit ihm angefangen?«

»Nein, das nicht, aber ich fühle mich zu ihm hingezogen, so wie früher.«

»Du willst mit ihm zusammen sein?«

»Noch ist nichts passiert. Ich möchte es dir aber jetzt schon sagen. Es muss klare Verhältnisse geben, anders kann ich die Situation nicht ertragen. Unsere Ehe ist gescheitert. Ich möchte mich von dir trennen, und ich möchte hier oben in meiner Heimat leben. Alles andere wird sich zeigen. Ich weiß nur, dass ich nicht zurück kann in unser gemeinsames Leben.«

»So einfach ist das?«

»Es ist nicht einfach, aber ich möchte wieder glücklich sein, auch für unsere Tochter. Und ich wünsche mir, dass du auch wieder glücklich bist. Unser gemeinsames Leben passt schon seit Langem nicht mehr und hat uns unglücklich gemacht.«

»Bitte warte! Tu nichts Unüberlegtes, bevor ich nicht da war. Ich komme hoch zu euch. Ich nehme mir sofort Urlaub.«

»Das brauchst du nicht. Ich mache gar nichts, du musst keine Angst haben. Wir werden alles ganz in Ruhe besprechen und eine Lösung finden. Jetzt bleibe ich noch eine Weile hier, wie geplant, solange ich Urlaub habe. Dann klären wir, wie die räumliche Trennung vonstattengeht. Ein Zurück in die gemeinsame Wohnung kommt nicht infrage, aber es gibt vieles zu bedenken. Wir haben ein Kind, ich habe meinen Arbeitsplatz in Stuttgart, es stehen enorme Veränderungen an. Ich werde mich nicht gleichzeitig in eine neue Beziehung stürzen. Das kann ich überhaupt nicht.«

»Katja, wir müssen ganz ausführlich miteinander sprechen.«

»Ja, das werden wir.«

Einen Tag später stand Cay vor der Tür. Er schaute sich kurz um und entdeckte Sarah, die hinter mir im Flur spielte.

»Hallo, mein Engelchen.«

»Hallo, Papa.«

»Was machst du gerade?«

»Bobby-Car.«

Er nahm sie auf den Arm und küsste sie. Ich stand daneben und fühlte mein Herz klopfen. Sarah setzte sich wieder auf ihr Bobby-Car und rollte davon.

»Lass uns reden«, sagte er nur.

Er war mir fremd geworden. Als er mir gegenüberstand, wurde mir noch deutlicher, dass ich innerlich bereits völlig mit unserer Ehe abgeschlossen hatte. Ich konnte mir kaum vorstellen, ihn zu umarmen oder gar zu küssen. Alles schien sich verändert zu haben. Ich war eine andere geworden. Unsere gemeinsame Zeit war vorbei. Blass und mager stand er vor mir und beugte sich in meine Richtung. Ich drehte mich ein wenig zur Seite.

»Katja, du siehst gut aus. Darf ich dir keinen Kuss mehr geben?«, sagte er.

»Besser nicht.«

Er schaute mich verwundert an. Eine Zeit lang schwiegen wir, bis er zu Sarah ging und ihrem Gefährt einen sanften Schubs gab. Sie lachte.

»Lass uns nach draußen, irgendwohin spazieren gehen und reden. Sarah bringen wir zu meinen Eltern«, sagte ich.

Nachdem wir unsere Kleine abgesetzt hatten, fuhren wir zu einem nahe gelegenen See, um uns in Ruhe auszusprechen. Ich versuchte nichts auszusparen, und auch Cay schien bereit, über alles zu reden. Ohne lange Vorreden kamen wir zum Thema.

»Einerseits bist du ein toller Vater für unsere Tochter, und trotzdem habe ich immer das Gefühl, du müsstest dich verstellen, um diese Rolle zu spielen. Du liebst unsere Sarah, daran gibt es keinen Zweifel, aber genauso vermisst du auch dein altes Leben als Single, deinen Sport, dein Tennis, dein Golf und das Skifahren. Diese Dinge konntest du bis zur Geburt unserer Tochter immer dann ausüben, wenn du Lust darauf hattest, ohne Rücksicht auf Frau und Kind. Aber so funktioniert Familie nicht. Da muss man Rücksicht nehmen, und du bist jemand, der seine eigenen Bedürfnisse nur schwer hintanstellen kann«, versuchte ich ihm zu erklären.

»Ja, ich weiß, manchmal bin ich nicht genügend auf euch eingegangen.«

»Du hast uns manchmal nicht mal wahrgenommen oder warst sogar genervt von uns. Dann habe ich mich wie ein Störfaktor gefühlt.«

Das Gespräch wurde immer einfacher und wirkte wie eine Erleichterung für uns beide. Endlich sprachen wir unsere Gedanken und Gefühle aus. Ich hatte den Eindruck, Cay begreife, dass es für mich kein Zurück mehr gab. Wir konnten sogar ein wenig lachen und über bestimmte Aspekte unserer Beziehungsprobleme scherzen. Als wir auf meine mangelhaften Kochkünste zu sprechen kamen, wurde die Stimmung beinahe entspannt. Ich konnte zwar kochen, aber Cay hatte sich häufig daran gestört, wie einfach und einfallslos ich kochte. Jetzt brachte dieses Thema uns zum Lachen. Selbst meine nachlässige Körperhaltung, über die er sich regelmäßig erregte, kam zur Sprache. In seinen Augen war ich in vielerlei Hinsicht undiszipliniert. Nun konnte ich darüber schmunzeln. Ich war wahrlich keine Traumfrau für ihn.

»Wegen Sarah habe ich mir etwas überlegt. Da ich nicht in die Scheidung einwillige, wird es drei Trennungsjahre geben. Die Hälfte dieser Zeit möchte ich Sarah bei mir haben, also bis zu ihrem fünften Lebensjahr.«

Im ersten Moment dachte ich, mich verhört zu haben. Mir blieb vor Schreck die Stimme weg. So konkret hatte er bereits über alles nachgedacht? Was bedeutete es, dass er nicht in die Scheidung einwilligte? Über die praktischen und rechtlichen Auswirkungen einer Trennung hatte ich mir bisher kaum Gedanken gemacht. Ja, ich wollte mich von ihm trennen, aber welche Konsequenzen hätte seine Nichteinwilligung in die Scheidung? Und was hatte das alles mit Sarah zu tun? Mir wurde übel, doch Cay legte noch nach.

»Das heißt noch etwa anderthalb Jahre. Jetzt ist sie zweieinhalb. Das passt gut, weil sie dann in die Vorschule muss.«

»Was? Cay! Wie willst du … Ich meine, du hast deinen Beruf, wie willst du dich da um sie kümmern? Und wie könnte unsere Tochter ohne mich sein? Nein, das ist unmöglich. Das kommt überhaupt nicht infrage«, sagte ich, und meine Stimme drohte zu brechen. Aber ich zwang mich trotz seines unglaublichen Vorschlags, ruhig und sachlich zu bleiben.

»Ich arbeite natürlich weiterhin. Sarah kann ich tagsüber betreuen lassen. Das machen andere Alleinerziehende auch.«

Die Vorstellung, meine Tochter nicht bei mir zu haben, schnürte mir die Kehle zu. Wie konnte er mir das antun?

»Cay, wir können Sarah doch nicht vollkommen aus ihrem Umfeld reißen. Sie war bisher fast ständig an meiner Seite. Und hier kennt sie doch alle, ihre Oma und ihren Opa, Tanten, Onkel, ihre Cousinen und ihren Cousin. Deine Eltern. Das wäre nicht gut, wenn sie allein mit dir in Stuttgart wäre.«

»Aber sie ist auch meine Tochter.«

Ich bemühte mich weiterhin um ein vernünftiges Gespräch, obgleich sein Vorschlag mich aus dem Konzept gebracht hatte. Damit hatte ich nicht gerechnet. Schließlich musste Cay einsehen, dass es keinen Sinn machte. Wir einigten uns vorerst darauf, dass Sarah bei mir blieb und er sie jederzeit besuchen konnte.

»Aber das wird Konsequenzen haben«, sagte er in ruhigem Tonfall, und ich überlegte, was er damit meinte. Ob er es auf eine Auseinandersetzung um das Sorgerecht ankommen lassen wollte?

»Cay, denke nicht, ich will dein Geld. Das habe ich nie gewollt.«

»Und was ist mit Robert?«, fragte er schließlich.

»Was soll sein?«

»Wird er dein neuer Mann?«

»Bevor ich einen weiteren Schritt auf ihn zugehe, möchte ich zwischen uns alles geklärt haben.«

»Wird er dein neuer Mann?«

»Es kann sein, dass es darauf hinausläuft.«

»Meine Eltern wissen auch schon Bescheid.«

»Worüber?«

»Dass du dich trennen willst. Sie halten nichts davon.«

»Beeinflusst dich das?«

»Nein.«

Wir standen auf und machten einen langen Spaziergang. Irgendwann plauderten wir sogar über Belanglosigkeiten, die nichts mit uns zu tun hatten.

»Cay, das war wirklich ein gutes Gespräch. Richtig wohltuend. Ich bin erleichtert, dass wir solch ein schwieriges Thema so vernünftig miteinander besprechen können. Andere werfen sich dabei Teller und Tassen um die Ohren.«

»Ja.«

Mir kamen die Tränen, und auch Cay musste weinen. Er konnte sich nur schwer wieder beruhigen. Seine Stimme klang brüchig, und er musste schlucken. Als er nach meiner Hand griff, zog ich sie langsam zurück.

»Ich würde so gern noch einmal mit Sarah in den Urlaub fahren. Findest du es in Ordnung, wenn ich sie mitnehme und einige Tage mit ihr am Meer verbringe?«, fragte er plötzlich. Sein Wunsch traf mich unvorbereitet, und mir rasten unzählige Gedanken durch den Kopf. *Er ist ihr Vater. Er hat ein Recht darauf. Ich darf jetzt keinen Fehler machen. Meine Reaktion entscheidet über die Zukunft. Ich muss mich kompromissbereit zeigen. Ich will ihm Sarah nicht verweigern. Wir müssen einvernehmliche Lösungen finden. Ich muss vernünftig reagieren.*

»Wann?«

»Noch heute. Ich habe mir einige Tage freigenommen.«

»Jetzt sofort?«

»Sarah und ich könnten von hier aus an die Ostsee fahren. Am Abend wären wir schon dort.«

»Das kommt aber plötzlich. Ja ... also, wenn du es so gern möchtest. Ja, ich finde es in Ordnung. Du bist ihr Vater.«

»Nur für ein verlängertes Wochenende.«

»Ich hoffe, wir werden immer eine Lösung für unsere Tochter finden.«

Wir holten Sarah bei meiner Mutter ab, und Cay erzählte ihr von dem Ausflug, den er mit ihr machen wollte.

»Mein Engelchen. Wir beide fahren ans Meer und gucken uns große Schiffe an.«

»Oh ja, Schiffe gucken.«

»Nur dein Papa und du. Das macht ganz viel Spaß. Es gibt so schöne Schiffe im Hafen.«

»Ja.«

Im Haus meiner Schwester packten wir Sarahs Tasche. Ich hatte kein gutes Gefühl dabei. Bisher war Cay erst einmal über Nacht allein mit Sarah gewesen. Weder kannte er ihren Rhythmus, noch wusste er, was sie abends aß und trank, wann sie normalerweise schlief und wann sie aufwachte. Um dergleichen hatte er sich doch nie gekümmert.

Anja stand neben mir, als sie losfuhren. Sarah saß in ihrem Kindersitz auf der Rückbank und winkte uns zum Abschied zu.

»Ich vertraue dir!«, musste ich aus einer plötzlichen Eingebung heraus durch die geöffnete Scheibe zu Cay sagen und wusste selbst nicht so genau, warum ich dieses Bedürfnis verspürte.

Bisher hatte ich mich noch nie länger als einen Abend von meiner Tochter verabschiedet, und es fiel mir unendlich schwer. Sie sollte nicht sehen, dass ich den Tränen nahe war, und so riss ich mich zusammen. Mit einem Lächeln winkte ich ihnen hinterher und fühlte den Kloß in meinem Hals.

Kaum drei Stunden später hielt ich es nicht mehr aus und rief Cay zum ersten Mal an. Ich wollte wissen, wo sie waren und ob es meinem Mäuschen gut ging. Die Trennung war ungewohnt und gab mir ein Gefühl von Leere.

»Wir sind gerade im Hamburger Hafen und schauen uns Schiffe an«, sagte Cay, als ich ihn am Apparat hatte. »Und ich weiß auch, wo ich jetzt viel lieber wäre.«

»Wo denn?« In mir stieg ein mulmiges Gefühl auf.

»Bei dir.«

»Jetzt genießt ihr erst einmal euren kleinen Urlaub, und dann sprechen wir weiter.«

Cay sollte so etwas nicht sagen. Es beunruhigte mich.

»Lass mich bitte mit Sarah sprechen.«

»Mama, hier sind ganz große Schiffe. So groß!«

»Mein Engelchen, ich habe dich ganz doll lieb. Nun machst du dir mit Papa einen schönen Urlaub, und ich freue mich schon darauf, wenn du zurückkommst.«

»Jaa!«

Mir kamen die Tränen, und ich konnte nicht weitersprechen. Als Cay den Hörer wieder nahm, schluckte ich sie hinunter.

»Schönen Urlaub noch. Wir reden ausführlich, wenn ihr wieder da seid. Bis bald.«

Dann legten wir auf.

Gegen Abend versuchte ich erneut, Cay zu erreichen, aber sein Handy war ausgestellt, und ich sprach auf die Mailbox. Immer wieder probierte ich es, aber Cay ging nicht an den Apparat. Mein mulmiges Gefühl verstärkte sich, und ich war machtlos gegenüber all den unerträglichen Fragen und Gedanken, die mir durch den Kopf schossen: Was, wenn er Sarah länger bei sich behält als geplant? Wenn er nicht nur zwei Tage wegbleibt? Wenn er mich damit strafen will? Er wollte sie eineinhalb Jahre bei sich behalten. Wie kann er sich nun mit einem Wochenende zufrieden geben?, überlegte ich. Im Geiste hörte ich Sarahs Stimme, auch wenn sie weit weg war. Im nächsten Moment glaubte ich sogar, dass sie durch die Tür kam, und ich wurde immer unruhiger, weil es eben leider nicht so war. Ich wollte nichts lieber, als mit meiner Sarah sprechen.

Ich schrieb Cay eine SMS mit der Bitte um Rückruf, dann eine zweite und dritte. Als keine Antwort kam und ich die Ungewissheit nicht mehr ertrug, rief ich Robert an.

»Ich habe ein komisches Gefühl. Ich kann Cay nicht erreichen und mache mir Sorgen. Er hat sein Handy ausgestellt.«

»Vielleicht möchte er einfach nur seine Ruhe haben und allein mit Sarah sein. Es ist sicher nicht einfach für ihn zu verkraften, dass eure Ehe gescheitert ist. Auch wenn er es geahnt haben muss. Es ist ein schwerer Schlag. Er wird nachdenken wollen.«

»Du nimmst ihn auch noch in Schutz. Es ist gemein von ihm, das Telefon abzuschalten. Ich will wissen, wie es Sarah geht. Das kann er doch nicht machen. Sie ist meine Tochter!«

»So beruhige dich doch.«

Ich rief andere Freundinnen und Freunde an, aber alle sagten das Gleiche: Ich solle mir keine Sorgen machen und abwarten.

Anja versuchte mich abzulenken. Gemeinsam machten wir das Abendbrot, und ich half ihr, die Kinder ins Bett zu schicken. Dabei sehnte ich mich noch mehr nach meinem eigenen Kind. Wie wird Sarah wohl aussehen, wenn sie selbst so groß ist wie ihre zehnjährige Cousine?, dachte ich.

Die Nacht war ein Albtraum. Meine Gedanken drehten sich im Kreis. Was mochte Cay gerade tun? Wie ging es Sarah? Was dachte er über unser Gespräch? Was dachte er über die Annäherung von Robert und mir? Was, wenn er sich vorstellte, Robert werde seine Stelle auch bei Sarah einnehmen? Dieser Gedanke machte mir plötzlich Angst. Das musste der schwerste Schlag für ihn sein. Vielleicht fürchtete er, seine Tochter zu verlieren. Aber das wollte ich auf keinen Fall. Es musste doch eine Lösung geben. Andere Kinder haben auch getrennt lebende Eltern. Es gibt immer einen Weg. Aber was, wenn Cay es anders sah? Was, wenn er mir Sarah wegnehmen wollte? Warum hatte er das

Telefon ausgestellt? Warum konnte ich meiner Tochter keine *Gute Nacht* wünschen? *Mein Engelchen, du fehlst mir so.*

Die Ungewissheit machte mich wahnsinnig. Was mochte in Cays Kopf vor sich gehen? Stuttgart war weit weg von hier. Wie sollte er Sarah regelmäßig sehen? Was würde er seinen Eltern sagen? Hatte er, rechtlich gesehen, überhaupt die Möglichkeit, mir Sarah wegzunehmen? Ich bin eine gute Mutter. Das kann jeder bezeugen. Oder hätte ich besser alles beim Alten belassen sollen? Hätte ich mich fügen sollen in eine gescheiterte Ehe? Dann wäre meine Kleine jetzt bei mir.

Schon im Morgengrauen stand ich in der Küche und starrte hinaus.

Den gesamten Tag erlebte ich unter größter Anspannung. Cays Telefon blieb ausgeschaltet. Wie konnte er mir das antun? Wie konnte er so gemein sein? Sarah würde doch nach mir fragen. Warum rief er nicht an? Mein Mäuschen!

Mir war kalt, obwohl es draußen warm war. Ein Sommertag im Juni, und mich fröstelte es wie im Dezember. Vielleicht hatte Robert recht, und ich musste einfach nur abwarten, bis Cay sich meldete.

Unsere Ehe war gescheitert. Das war traurig, aber es bedeutete doch nicht das Ende der Welt. Viele Ehen scheiterten. Aber manche Trennungen enden auch in einer Tragödie, ging es mir durch den Kopf, und ein unerträglicher Druck legte sich über meinen Körper. Ich musste mich dringend beruhigen. Mein Herz pochte bis zum Hals, meine Hände waren eiskalt. Gegen Abend ließ ich mir ein Bad einlaufen. Vielleicht würde mich das ein wenig erwärmen.

Ich lag im Wasser, das Telefon neben mir auf der Ablage. Warum nur rief er nicht an?

Als es unten an der Haustür klingelte, spitzte ich die Ohren und nahm fremde Stimmen wahr. Ich konnte nichts verstehen, aber es klang nach mehreren Männern. Von Anja hörte ich nur seltsame Laute und keine verständlichen Worte.

Das Badfenster stand offen, und die Geräusche der Vögel und eines vorbeifahrenden Autos vermischten sich mit den gedämpften Stimmen aus dem Erdgeschoss. Wenig später kam meine Schwester die Treppe hochgelaufen und stand vor mir. Sie war vom Schrecken gezeichnet. Mein Herz hämmerte gegen die Brust.

»Katja, du musst … du sollst … es ist etwas Schreckliches passiert«, sagte Anja.

»Was ist los?«, fragte ich und starrte in ihr bleiches Gesicht. Warum bebten ihre Lippen, und warum zitterten ihre Hände? Meine eigene Stimme überschlug sich, während ich aus der Wanne stieg.

»Anja, sag mir, was los ist!«

»Du solltest mit mir nach unten kommen.«

»Nun rede endlich! Anja! Was ist passiert?«

»Komm, komm mit mir nach unten.«

»Was ist los?«, drängte ich, und mir wurde heiß und kalt zugleich. Meine Schwester zeigte ein verzweifeltes Gesicht. Sie sollte endlich sagen, was los war!

»Katja, es ist etwas … nun komm schon mit runter … also, es ist … es ist etwas ganz Schlimmes passiert. Mit Sarah. Sie … sie lebt nicht mehr.«

»Nein!«, schrie ich los. Anja stützte mich und reichte mir ein Handtuch. Sie stand hilflos neben mir, und mein Schreien wollte kein Ende nehmen.

»Was … wieso … was ist passiert?«, stammelte ich schließlich.

»Da unten sitzt die Polizei. Sie wird es erklären.«

»Erklären?«

Ich griff nach dem Badehandtuch, und wir versuchten mich darin einzuwickeln. Mein Blick haftete an meiner Schwester, als wollte ich prüfen, ob sie wirklich vor mir stand und ich die schlimmsten Worte meines Lebens tatsächlich aus ihrem Mund hören musste. Was hatte sie eben gesagt? Wieder schrie ich los. Es war ein einziger Krampf, der durch meinen Körper strömte. Warum gab es nichts als diese Schreie, die mein Inneres hervorpresste? Ich begriff es nicht ...

Anja schaute an mir vorbei aus dem Fenster. Ich folgte ihrem Blick und sah, wie jemand von der Straße aus zu uns herüberschaute. Ich schrie weiter, und die Person schaute hoch zum Fenster.

»Cay ist auch tot«, sagte meine Schwester mit zitternden Lippen, und ich glaubte mich verhört zu haben. Was hatte das zu bedeuten? Sarah und Cay lebten nicht mehr!?

»Komm bitte runter mit mir. Unten sind der Pastor und zwei Polizisten.«

Irgendwie schaffte ich es die Treppe hinunter. Anja stützte mich. Mein Körper war steif, und nur mit Mühe konnte ich auftreten. Alles fühlte sich wie gelähmt an. Ich konnte kaum schlucken und war zu keinem Laut mehr fähig. Meine Schwester Ramona war seltsamerweise auch hier und saß neben drei Männern. Einen von ihnen kannte ich.

»Guten Tag, Frau B. Wir kennen uns von der Taufe ... von der Taufe Ihrer ... äh ... Tochter«, sagte er in seltsam stockender Art, als müsse er nach jedem Wort suchen. Schon hatte ich ein Bild vor Augen: In der Kirche hielt ich meine Kleine in den Armen, und er taufte sie. *Und ob ich schon wanderte im finstern Tal ...*

Der Pastor tat einen Schritt auf mich zu, während Anja ihre Hand auf meinen Arm legte, was sich ungewohnt und beängstigend anfühlte. So etwas machte sie doch sonst nicht. Ramona starrte mich aus weit aufgerissenen Augen an.

»Sarah lebt nicht mehr«, sagte meine zweitälteste Schwester plötzlich, und Tränen liefen ihre Wangen hinunter. Erneut versuchte ich zu begreifen, was diese Worte bedeuteten. *Sarah lebt nicht mehr.* Und was hatten die Worte mit den drei Männern zu tun? Ich bebte und fühlte die Arme meiner Schwester, die mich halten wollten. Meine Schreie waren verstummt. Das Entsetzen lähmte meine Stimme, mein Gefühl und meinen Verstand.

Ich stand mitten im Wohnzimmer, das Wasser meiner nassen Haare lief mir den Hals hinunter und wurde vom Badehandtuch aufgesaugt. Meine Knie zitterten, und mein Hals tat weh. Warum sagte niemand etwas? Alle starrten mich an. Ich hörte meine Nichte aus dem Kinderzimmer heraus weinen. Anja eilte zu ihr.

»Was ist los?«, brachte ich irgendwann heraus. »Was ist passiert? Wo ist meine Sarah?«

»Sie lebt nicht mehr und Ihr Mann auch nicht«, sagte der Pastor.

Er kam jetzt direkt auf mich zu. Dann stand auch Anja wieder neben ihm und umarmte mich.

»Wollen Sie sich nicht erst einmal etwas anziehen?«, fragte der Pastor, und ich versuchte den Sinn seiner Frage zu begreifen.

»Es handelt sich um einen Fall von erweitertem Suizid«, sagte einer der Polizisten.

Ich begriff überhaupt nichts mehr. Vollkommen verständnislos suchte ich nach einer Erklärung, einem Ausweg, einer Lösung. Ich stand regelrecht neben mir, ganz so, als beobachtete ich eine Szene, die nichts mit mir zu tun hatte. Vielleicht war das alles ja nur ein furchtbarer Traum.

Ramona schossen immer mehr Tränen aus den Augen. Sie schlug die Hände vors Gesicht und schluchzte. Vor wenigen Tagen hatten wir ihre Hochzeit gefeiert, und sie hatte so glücklich ausgesehen. Jetzt stand ihr das Grauen ins Gesicht geschrieben. Was war nur los?

Ich schnappte nach Luft. Kurze Atemzüge hoben und senkten meine Brust. Sarah und Cay sollten tot sein? Aber warum? Was hatte der Polizist gesagt? Und was versuchte der Pastor mir zu erklären?

»Die Polizei hat nach Ihnen gesucht. Zunächst in Stuttgart.«

»Nach mir? In Stuttgart? Warum?«

»Dort sind Sie doch gemeldet.«

Ich konnte ihm kaum zuhören.

»Als in eurer Wohnung in Stuttgart niemand war, haben sie dich über unseren Geburtsnamen gesucht und waren zuerst bei mir«, brachte Ramona schluchzend hervor.

»Was ist nur los? Was ist passiert?«, wiederholte ich immer wieder.

»Wir sind froh, dass Ihnen nichts geschehen ist«, sagte einer der Polizisten, und ich verstand noch weniger.

»Wo ist Sarah?«, fragte ich und fühlte mein Herz im Hals pochen.

»Setzen Sie sich doch erst einmal hin. Ich kann selbst nicht fassen, was passiert ist«, sagte der Pastor. Ramona führte mich zum Sofa, und Anja ging zu ihren Kindern, deren Weinen aus dem Nebenzimmer zu uns herüberdrang. Ich schaute den Pastor an, der erneut nach Worten zu suchen schien, und versuchte mich zu konzentrieren. Ich bebte, und meine Zähne schlugen aufeinander.

»Ihre Tochter wurde tot in der Badewanne eines Hotels aufgefunden.«

Mein Hals schmerzte, meine Stimme war rau und heiser. Nur mit Mühe brachte ich Worte hervor, die nach Erklärungen suchten. Ich wollte verstehen, aber eine unglaubliche Lähmung hatte mich erfasst. Ich war vollkommen starr. Diese Starre ängstigte mich bald selber. Je länger die Männer sprachen, desto lauter wurde das Weinen der Kinder im Nebenraum.

»Ihr Mann hat sich erhängt. In einer Autobahnraststätte«, sagte der Polizist.

Ich schaute die Männer an und versuchte verzweifelt, ihre Worte zu begreifen.

»Aber wieso ist Sarah tot? Wie konnte das passieren?«

Als ich keine Antwort bekam oder die Worte der Anwesenden vielleicht auch nicht mehr aufnehmen konnte, trat ich hinaus in den Garten. Wie in Trance wandelte ich zur Toreinfahrt und auf die Straße hinaus. Ich weiß nicht mehr, ob jemand an meiner Seite war und ob mir jemand etwas zu erklären versuchte. Meine Tochter war gestorben. In einer Badewanne. Mein Mann war tot. Er hatte sich erhängt. Warum? Gab es einen Zusammenhang? Und wenn es einen gab, dann verstand ich ihn einfach nicht.

Aus den Augenwinkeln sah ich meinen Vater, der in seltsam gebückter Haltung niederkniete und weinte. Er weinte im Garten meiner Schwester. Ich hatte ihn noch nie weinen gesehen.

Als ich mitten auf der Straße stand, nahm Anja mich in den Arm. Nachbarn starrten mich an. Warum standen sie vor unserem Haus, und was versuchte meine Schwester ihnen zu erklären?

Anja führte mich zurück ins Haus. Dort saß nun auch meine Mutter und hatte ihr Gesicht in den Händen vergraben.

»Was ist passiert?«, fragte ich wie in Zeitlupe einen der Polizisten. Ich wollte endlich verstehen, was geschehen war. Und auch wenn mir der Pastor, die Polizisten, Ramona, Anja es längst gesagt hatten, so war ich nicht in der Lage, die Wortfetzen zu einem Sinn zusammenzufügen. Um mich herum weinte meine Familie, und ich stellte eine Frage, deren Antwort vielleicht alle außer mir längst kannten.

»Wie es sich darstellt, hat Ihr Mann zunächst Ihre Tochter ertränkt und sich dann später selbst getötet.«

»Was? Er hat unsere Tochter umgebracht?«

Ich versuchte zu begreifen. Wie kann ein Vater seine Tochter töten? Cay unsere Sarah?

»Wo?«

»Nicht weit von hier entfernt. Er hat ein Hotelzimmer gebucht.«

In einer Badewanne? Erst gestern hatte er mich gebeten, Sarahs Bademantel und ihre Körpercreme einzupacken, weil er unsere Kleine baden wollte.

»Möchten Sie, dass wir jetzt die Eltern Ihres verstorbenen Mannes benachrichtigen? Oder sollen wir damit bis morgen warten? Dann haben sie noch eine ruhige Nacht.«

»Nein, auf keinen Fall bis morgen warten. Sie sollen es sofort erfahren.«

Der Pastor nickte.

»Ich habe Angst, dass seine Eltern denken, ich bin an allem schuld«, sagte ich, und alle schauten mich fragend an. Meine Mutter schluchzte. So hatte ich sie noch nie erlebt. Sie schien unter ihren Tränen zusammenzubrechen. Durch einen Schleier aus Ratlosigkeit und Unverständnis starrte ich in die Runde.

»Er hat sie umgebracht?«, stammelte ich schließlich.

Alle nickten.

»Rufen Sie bitte sofort seine Eltern an«, sagte ich in Richtung der Polizisten. Ich wollte es so schnell wie möglich hinter mich bringen. Während der Beamte in den Hörer sprach, ging ich wieder in den Garten. Ramona gab mir einen Bademantel.

Irgendwann stand ein Notarzt neben mir und verabreichte mir eine Beruhigungsspritze.

Wie durch Watte hörte ich den Pastor mit Anja sprechen.

»Ich weiß ehrlich gesagt nicht, ob ich noch helfen kann. Ihre Schwester ist hier in guten Händen«, sagte er und verabschiedete sich.

Bevor ich mich unendlich müde und noch immer im Bademantel zu meinen Eltern ins Auto setzte, bat ich meine Schwester darum, Robert anzurufen.

»Sag ihm, er soll zu mir kommen. Ich brauche ihn.«

»Das habe ich schon getan. Er gehört doch zu uns. Robert trifft dich bei Mama und Papa.«

Ich lag auf dem Sofa, als er klingelte.

»Gut, dass du kommst«, hörte ich die tränenerstickte Stimme meiner Mutter an der Haustür.

»Es tut mir so unendlich leid. Mein tiefstes Mitgefühl«, sagte Robert.

Dann kam er zu mir und nahm mich in den Arm. Im selben Moment kamen meine Tränen. Sie schossen aus der Tiefe meiner Seele hervor. Wir weinten gemeinsam. Er streichelte mein Haar, und ich krallte mich an ihm fest.

»Ich bin ganz für dich da«, sagte er.

Nach einer Weile musterte er mich, schaute mir in die Augen und zeigte den prüfenden Blick eines ehemaligen Rettungssanitäters.

»Katja, du musst etwas trinken. Warte, ich hole dir ein Glas.«

Schon reichte meine Mutter ihm das Gewünschte, und er schaute zu, wie ich trank.

»Katja«, sagte er immer wieder und weinte. Er legte einen Arm um meine Schulter und redete sanft auf mich ein.

»Du brauchst viel Flüssigkeit. Hier, nimm noch einen Schluck, am besten gleich das ganze Glas und dann noch eines. Du bist im Schockzustand.«

Ich nickte und tat, was er sagte. Dann brachte er mich ins Bett, und ich bat ihn, bei mir zu bleiben. Ich brauchte seine Nähe. So schlief ich irgendwann ein und wollte am liebsten nie wieder aufwachen. Wo war mein Engelchen jetzt?

Wie kann das Leben weitergehen?

Es war schon lange hell, als mein Handy klingelte und mir einen Schrecken einjagte. Das Geräusch holte mich zurück in die Wirklichkeit und den Schmerz. Suchend tastete ich nach dem Apparat. Robert strich mir sanft über den Rücken. Meine Augen schmerzten von den Tränen der Nacht. Mit zitternden Händen drückte ich die Hörertaste.

»Hallo?«

Die Stimme von Cays Vater ertönte; er klang sehr sachlich. Sein Ton irritierte mich. Er klang geradeso, als wäre gestern keine Familientragödie geschehen, sondern ein Allerweltsereignis. Mir fehlten die Worte. Johnny räusperte sich, und ich war froh, ihn in diesem Moment nur am Telefon zu haben und nicht direkt mit ihm sprechen zu müssen. Dieser Mann hatte seinen Sohn und sein Enkelkind verloren. Ich wusste wirklich nicht, was ich sagen sollte. Mir versagte die Stimme.

Johnny fragte mich etwas. Ich versuchte zu begreifen, was er mit seinen Fragen meinte, aber es wollte mir nicht gelingen. Was konnten wir schon machen? Alles war vorbei. Meine Tochter war tot. Ich hatte das Liebste im Leben verloren, auch wenn ich es noch nicht wirklich begriffen hatte. Mein Verstand und mein Gefühl standen im Widerspruch zueinander. Ich wusste, was die Polizisten gestern gesagt hatten, aber ich konnte mir nicht vorstellen, meine Sarah nie wieder in den Armen zu halten. Ich fühlte sie noch. Sie war ganz nah bei mir. Mein Engelchen gehörte doch zu mir.

Ich bestand darauf, dass wir mit der Situation ehrlich umgingen und nach außen offen kommunizierten, was wirklich passiert war. Alles andere wäre mir völlig falsch vorgekommen, und es war mir egal, was »die Leute« dachten. In Gedanken rief ich mir die Aussagen der Polizisten und des Pastors ins Gedächtnis. Sie hatten es *erweiterten Selbstmord* genannt. Nie zuvor hatte ich diesen Ausdruck gehört. Darin steckte das Wort *Mord*. Bei diesem Gedanken schnürte es mir die Kehle zu. Was hatte Cay getan? Die Vorstellung überforderte mich, und ich musste das Gespräch beenden.

Robert blieb unentwegt an meiner Seite. Gelegentlich bat er mich, etwas zu trinken oder sogar zu essen. Ich hatte kein Verlangen danach. Immer wieder klingelte das Telefon. Mehrmals war die Polizei am Apparat. Ich konnte mit niemandem sprechen. Meine Familie und Robert erledigten diese Dinge. Mir wurde alles abgenommen.

Am nächsten Tag fuhr Robert mich zu Anja. Dort waren meine Sachen, meine Kleidung, meine Waschutensilien, und vor allem waren dort die Sachen meines Engelchens. Ich öffnete unseren großen Reisekoffer und legte alles hinein. Der Geruch meines Mäuschens haftete an jedem Pulli, jeder Hose und jedem Hemdchen. Wie in Zeitlupe nahm ich ein Teil nach dem anderen und legte es in den Koffer. Die Sachen sollten in meiner Nähe sein, deshalb nahm ich sie mit zu meinen Eltern, wo ich vorerst wohnte.

Irgendwann klappte ich das Kinderbettchen zusammen

und konnte mir nicht vorstellen, dass sie nie wieder darin liegen würde. Robert und Anja waren in meiner Nähe und standen mir zur Seite, wenn sie den Eindruck hatten, es sei nötig. Manches musste ich aber ganz für mich allein erledigen. Robert stellte mir einen Tee hin, und ich sah ein mitfühlendes Lächeln über seine Wangen huschen.

Einige Tage später begleitete Anja mich zu Cays Eltern. Es gab vieles zu besprechen und einiges zu organisieren. So zumindest stellte ich mir diese Zusammenkunft vor.

Zaghaft drückte ich den Klingelknopf, dann bat Hannah uns hinein.

Wir nahmen im Wohnzimmer Platz, und ich erzählte Cays Eltern, was ich wusste.

»Cay hatte vor, einige Tage allein mit unserer Tochter zu verbringen. Wir lebten in Trennung, wie ihr wohl schon von ihm gehört habt.«

Auf dem Weg von Stuttgart in den Norden musste er mit ihnen telefoniert haben. Ganz so hatte ich es verstanden, als ich mit Cay am See spazieren gegangen war. Was hatte er ihnen noch alles erzählt? Dass ich mich Robert wieder angenähert hatte?

Noch immer war ich fassungslos und hatte Mühe, Hannahs Worten zu folgen. Cay hatte Sarah das Leben genommen. Dafür gab es keine Rechtfertigung. Ich fühlte mich nicht schuldig, dass er unsere Tochter umgebracht hatte. Ich fröstelte. Vielleicht hatte ich ja geglaubt, Sarahs Tod würde uns einander näherbringen.

Als die Sprache auf Cays Beerdigung kam, kämpfte ich mit den Tränen. Beim Gedanken an die bevorstehenden Beisetzungen wurde mir übel. Noch hatte die Polizei mein Engelchen nicht *frei*gegeben, und noch konnte ich dieses Thema einigermaßen verdrängen. Ich wusste kaum, welcher Tag gerade war und was ich überhaupt fühlte. Und vor allem wusste ich nicht, wie es weitergehen sollte. Wie ich ohne Sarah leben sollte.

Schon drangen die nächsten Gesprächsfetzen an mein Ohr. Johnny wollte wissen, was es mit Cays Schulden auf sich habe. Sogar die Polizei habe ihn darauf angesprochen.

Schulden?

Nun war ich vollkommen verwirrt. Ob er meine monatlichen Überweisungen wegen eines Kredits meinte? Den hatte Cay für mich vermittelt, weil ich Geld für eine kostspielige Zahnoperation brauchte. Die Summe war nicht der Rede wert und zudem immer pünktlich von meinem Konto abgegangen.

Meine Schwester schaute mich fragend an. Hoffentlich hörte sie aufmerksam zu und merkte sich die Details, denn ich war kurz davor, gänzlich die Konzentration zu verlieren. Hier und heute über Schulden zu sprechen hatte ich am allerwenigsten erwartet.

Außerdem hatten Cay und ich einen Ehevertrag gemacht. Ich hatte meine Unterschrift unter dieses lieblose Dokument gesetzt. Dort stand etwas von einem Guthaben, aber doch nichts von Schulden. Dieser Vertrag hatte mich damals ohnehin befremdet, verliebt, wie ich gewesen war. In meiner Vorstellungswelt basierte eine Ehe auf Liebe und Vertrauen und nicht auf einem Vertrag. Aber um des lieben Friedens willen hatte ich mich darauf eingelassen. Ich wollte nicht, dass jemand dachte, ich habe *den tollen Cay* aus finanziellen Gründen geheiratet.

Ganz offensichtlich ging es nun um mehr als um meinen Kleinkredit. Ich wusste nichts von sonstigen Schulden. Wir hatten doch nur das Auto gekauft … Jetzt erfuhr ich, dass die Polizei unsere Wohnung durchsucht und verschiedene Ordner sowie den PC mitgenommen hatte. Und sie waren fündig geworden.

Anja schien mehr zu begreifen als ich. Ich erinnerte mich

dunkel, dass die beiden Beamten am Abend der schrecklichen Nachricht erwähnt hatten, dass in unserer Wohnung nach mir gesucht worden war. Das hatte ich schon fast wieder vergessen. Dabei mussten sie auf etwas gestoßen sein. Ich war unfähig, mir Gedanken darüber zu machen. Aus welchem Grund beschlagnahmte die Polizei Aktenordner? Was konnte es darin zu entdecken geben? Mit den Ermittlungen bei einer Familientragödie kannte ich mich nicht aus. Ich hatte nie erwartet, jemals von so etwas betroffen zu sein. Und nun war alles ganz anders gekommen. Mein Mann und meine Tochter waren tot.

Johnny sprach davon, dass ich eine Witwenrente bekommen würde. Ich war nur noch fassungslos. Witwenrente? Daran hatte ich bisher keinen Gedanken verschwendet.

Vielleicht wollte er mich damit ja beruhigen, mir klarmachen, dass ich davon eine Weile »unbesorgt« leben könne.

Doch wie sollte ich jemals wieder unbesorgt leben? Mein Mann – oder wie sollte ich ihn überhaupt noch nennen – hatte mir mein Kind genommen. Für mich gab es kein unbesorgtes Leben mehr. Nie mehr! Ich war fünfundzwanzig Jahre alt und sollte angeblich eine Witwenrente bekommen!

Ich hätte jetzt viel lieber über Sarah gesprochen. Am liebsten wäre ich davongerannt. Ich stand auf. Mir war übel geworden, und ich musste so schnell wie möglich raus aus diesem Haus. Mit einem flüchtigen Abschiedsgruß gingen wir durch die Tür und setzten uns in den Wagen.

»Was war das denn jetzt?«, wollte Anja von mir wissen. Ich konnte nur noch mit dem Kopf schütteln. Am liebsten wollte ich die beiden nie mehr wiedersehen. Ohne einen

Blick zurück fuhren wir zu Anja nach Hause. Dort würde sie mir sicher noch einmal in Ruhe erklären, was gesagt worden war. Mir war alles zu viel. Ich schloss die Augen und wünschte mir, auch die Ohren schließen zu können.

Bei Anja zu Hause setzte ich mich aufs Sofa. Plötzlich hatte ich das Gefühl, als wäre ich schuld an der ganzen Tragödie. Als hätte Cay meinetwegen über unsere Verhältnisse gelebt. Sich meinetwegen das Leben genommen und unser Kind getötet.

Mir wurde heiß, und ich hatte Angst, ohnmächtig zu werden. Cay hatte in den vergangenen Monaten sichtlich abgebaut, zuletzt war er furchtbar dünn gewesen. Aber wie hätte ich ihm denn vorschreiben sollen, was er zu essen hatte? Und all die Ausflüge nach Kitzbühel und sonst wohin, das hatte ich doch gar nicht gewollt! Ich hatte nur hin und wieder einen Familienausflug mit ihm und Sarah unternehmen wollen, das war doch nicht zu viel verlangt!

Mir schwirrte der Kopf. Mir wurde alles zu viel.

Funktionieren

Ich funktionierte nur noch, soweit es unbedingt notwendig war. Dann meldete sich die Polizei.

»Es geht um das Auto. Ich rufe an, weil es auf Ihren Namen angemeldet ist. Wir müssen es noch eine Weile hierbehalten. Die Untersuchung hat sich verzögert.«

»Welche Untersuchung?«

»Ihr Mann ist mit diesem Fahrzeug zum Tatort gefahren.«

»Tatort? Warten Sie! Sprechen Sie bitte mit meinem Schwager.«

Und dann gab ich den Hörer an Klaus weiter und hörte, wie er im Gegensatz zu mir offenbar mühelos alle Informationen aufnehmen konnte, die der Beamte ihm gab.

»Der Wagen wird technisch überprüft. Die Polizei will sicherstellen, dass es keine Manipulationen gibt«, versuchte er mir zu erklären, aber ich begriff nur langsam, was das nun wieder zu bedeuten hatte: Es bestand der Verdacht, auch ich könnte ein Opfer von Cays Wahnsinnstaten werden.

Wenig später fuhr Klaus zur Polizeistation, um die persönlichen Dinge abzuholen, die sich im Auto befanden. Ich überlegte, was ich mit Cays Papieren machen sollte.

Darunter war auch seine Geldklammer mit dreihundert Euro. Die Tasche mit Sarahs Kleidern und ihrem Spielzeug nahm Anja mir ab.

Zur gleichen Zeit wurde mein Engelchen obduziert, weil sie einen gewaltsamen Tod gestorben war. Sie war in einer Klinik, und es würde noch eine Weile dauern, bis alle Untersuchungen abgeschlossen waren.

Meine Mutter weinte unentwegt und bewegte sich wie in Trance durchs Haus. Sie sah so unendlich traurig aus. Ihre Augen waren geschwollen, und Hilflosigkeit sprach aus ihrem Blick und ihrer Körperhaltung. Sie wirkte schwer angeschlagen.

Als Nächstes musste die Beerdigung vorbereitet werden. Ich stand vor der schweren Aufgabe, einen Sarg für meine Tochter auszusuchen. Meine Eltern wollte ich nicht dabeihaben, denn ihre Betroffenheit war zu viel für mich. Wenn ich sie weinen sah, versank auch ich in einem lähmenden Schmerz. Meine Mutter stellte in ihrer Verzweiflung manchmal Fragen, auf die niemand eine Antwort wusste, am allerwenigsten ich in meiner jetzigen Lage. Es war schwer auszuhalten.

»Und ich dachte immer, Cay liebt seine Tochter. Ich dachte, er passt auf sie auf. Wie kann er so etwas tun?«, fragte sie einmal in den Raum hinein, und ich wäre am liebsten davongelaufen.

Meine Schwester Anja musste wieder arbeiten, und so klammerte ich mich an Robert, der mir Kraft für die anstehenden Aufgaben gab. Er tat alles, um mir zur Seite zu stehen.

Als ich am Bankautomaten kein Geld mehr abheben konnte, dachte ich an Johnnys Worte. Robert stand neben mir.

»Ich bekomme kein Geld mehr. Wie kann das angehen? Ob das etwas mit den Schulden zu tun hat, von denen

Johnny gesprochen hat? Ich kann mir nicht erklären, was er damit meinte. Bisher gab es noch nie Probleme, wenn ich etwas abheben wollte.«

»Wie viel Geld war auf dem Konto, als du dir zum letzten Mal die Auszüge angeschaut hast?«

Mir fiel es nicht ein, mein Gedächtnis spielte nicht mehr mit. Sprachlos stand ich vor dem Automaten und tippte erneut unsere Geheimnummer ein. Nichts passierte. Und nun? Warum bekam ich kein Geld? Wovon sollte ich das Bestattungsinstitut bezahlen? Meinen Job in Stuttgart konnte ich unmöglich wieder aufnehmen. Wovon sollte ich leben? Die Wohnung musste aufgelöst werden. Wovon sollte die Miete bezahlt werden? Wie war doch gleich der Name der Vermieterin? Ich musste sie anrufen. Mir schlotterten die Knie.

»Nun beruhige dich, Katja. Es wird sich eine Lösung finden.«

»Welche denn?«

»Schritt für Schritt werden wir herausfinden, was zu tun ist. Vielleicht sollten wir nach Stuttgart fahren, um vor Ort die Dinge zu klären.«

»Jetzt?«

»Das wird das Beste sein, denke ich. Ich habe aber nur noch zwei freie Tage. Vielleicht finden wir einen günstigen Flug von Hamburg.«

»Johnny hatte etwas von Witwenrente gesagt.«

Von geliehenem Geld kauften wir zwei Tickets und flogen nach Stuttgart. Vor der Haustür angekommen, erschien mir alles fremd. Hatte ich wirklich hier gelebt?

Der Postkasten quoll über. Als wir die Wohnung betraten, war ich geschockt von der Unordnung in den Räumen. Hier war alles gründlich durchsucht worden. Ich fing sofort mit dem Aufräumen an, stopfte die Waschmaschine voll und wirbelte mit Putzlappen umher. Ich musste etwas tun. Überall lagen Sarahs und Cays Sachen herum. Robert öffnete die Briefumschläge und sortierte.

»Wir schaffen das! Aufräumen kannst du später. Lass uns besser das Organisatorische erledigen«, sagte er.

»Mit der Vermieterin habe ich abgemacht, die Wohnung in einen ordentlichen Zustand zu bringen, damit sie Nachmieter zur Besichtigung hereinlassen kann.«

»Ja, entschuldige. Wir können die ganze Nacht durcharbeiten, wenn es sein muss.«

Die letzte Miete war nicht mehr abgebucht worden, wie sich herausstellte. Mir wuchsen die finanziellen Probleme über den Kopf. Welche Ordner die Polizei mitgenommen hatte, konnte ich auf den ersten Blick nicht sagen. Im Schreibtisch fand ich Cays Arbeitsvertrag. Nie zuvor hatte ich in diesen Vertrag geschaut. Warum denn auch? Ich hatte meinem Mann vertraut. Ich dachte immer, es gäbe keine Geheimnisse zwischen uns.

Wie ich im Vertrag las, gab es mit seinem Arbeitgeber Vereinbarungen, die in meiner jetzigen Lage von Bedeutung waren. Dort war genauestens aufgeführt, dass der Witwe zunächst drei Monatsgehälter zur Verfügung standen.

Robert und ich machten uns auf den Weg in die Firma, wo ich zu Cays engstem Kollegen Louis ein gutes Verhältnis hatte. Alle Mitarbeiter wussten Bescheid und sprachen mir ihr Beileid aus. Louis stand vor mir und war fassungslos. Sein Blick sprach Bände: Er konnte nicht fassen, was geschehen war. Wie in Zeitlupe kam er auf mich zu und nahm mich in den Arm. Die anderen Kollegen gaben mir die Hand. Petra war vor einigen Monaten in eine Zweigstelle versetzt worden, sodass ich ihr hier nicht begegnete.

»Cay hat sich, an dem Tag … ich meine … also, letzte Woche, als das alles passiert ist, hier bei uns auf eine seltsame Art verabschiedet. Er hat eine kleine Rede gehalten und sich bei jedem von uns bedankt. Das war merkwürdig, denn schließlich wollte er nur einige Tage weg sein. Es klang aber nach einem längeren Abschied. Das war nicht normal, aber wir hatten uns trotzdem nicht viel dabei gedacht. Ich verstehe das alles nicht. Wie konnte er so etwas tun?«, sagte Louis.

»Sonst hat er nichts gesagt?«, wollte ich wissen.

»Nichts Bestimmtes. Wenn man nur was geahnt hätte! Cay und ich waren eigentlich zum WM-Gucken verabredet. Er meinte dann nur, daraus würde nichts, weil er familiäre Probleme zu lösen habe. Ich habe ihm nicht angemerkt, wie schlimm es wirklich um ihn stand. Es tut mir so wahnsinnig leid, ich verstehe das alles nicht. Wie konnte er zu einer solchen Wahnsinnstat fähig sein? So etwas hätte ich ihm niemals zugetraut... äh, ich meine, das passt doch irgendwie alles nicht. Wie kann er dir so etwas antun? Ich begreife das nicht.«

»Mir geht es genauso. Mir und meiner Familie. Keiner versteht es.«

Gemeinsam versuchten wir Licht in die finanzielle Lage zu bringen. Offensichtlich hatte Cay diverse Kredite über verschiedene Konten laufen. Louis wusste teilweise davon und klärte mich auf.

»Dir steht ein sogenanntes Sterbegeld unserer Firma zu. Davon kannst du die notwendigsten Zahlungen vornehmen«, sagte er. Wir besprachen das weitere Vorgehen, wobei ich mich auf ihn und Robert verließ, denn ich konnte mich nicht auf die Details konzentrieren. Robert verstand etwas von Finanzen und würde mir später alles erklären.

Mir fiel ein Brief aus der Schweiz ein. Ich hatte Cays Post nie geöffnet, aber als im letzten Jahr der Umschlag einer Schweizer Bank im Postkasten lag, hatte ich ihn darauf angesprochen. Angeblich hatte das Schreiben etwas zu tun mit einem Konto für ein gewisses *Notfallgeld. Falls mal was ist.*

Damals dachte ich, der *finanzielle Notfall* sei eingetreten, weil wir uns eine neue Küche gekauft hatten. Nun stellte sich heraus, dass es sich um einen Kredit handelte. Um einen von mehreren Krediten, die mir allesamt unbekannt waren. Wo das Geld geblieben war, konnte ich mir nicht erklären. Was hatte er damit gemacht?

Als ich in der Bank nachfragte, stellte sich heraus, dass nur ein einziges gedecktes Konto existierte, ein sogenanntes Sparvertragskonto, in dem Cays Exfreundin Petra als Begünstigte eingetragen war. *Ich kannte Cay nicht. Ich wusste von nichts. Wer war er überhaupt gewesen?*

Robert telefonierte mit Petra, um etwas über die Hintergründe des Kontos zu erfahren. Er behielt den Überblick, notierte die Kontostände und summierte die Schulden. Es wurden immer mehr. Ich dankte ihm für jede Sekunde, die er bei mir war, und versuchte gleichzeitig die vielen Informationen zu begreifen. Etwas anderes blieb mir nicht übrig. Vor mir breitete sich eine Seite von Cays Leben aus, die mir vollkommen unbekannt war. Alles in allem waren es jedoch noch halbwegs überschaubare Summen. Zumindest konnte ich darin keinen Grund für einen Selbstmord sehen. Immer wieder hört man von Menschen, die sich aus finanzieller Not das Leben genommen haben. Davon konnte bei Cay jedoch keine Rede sein. Seine Schulden hätte er mit einem vernünftigen Finanzplan und bei seinem Gehalt innerhalb einiger Jahre ausgleichen können.

Es gab so vieles zu organisieren. Ich rief einige Freunde in Stuttgart an. Cays bester Freund Hartmut war außer sich vor Trauer und Empörung.

»Hätte er nur sich selbst getötet, wäre es zu akzeptieren,

aber wie kann er Sarah, ein wehrloses Mädchen, in den Tod schicken? Das ist unverzeihlich. Wie konnte er dir das antun? Ich gehe nicht zu seiner Beerdigung«, sagte Hartmut mit Wut in der Stimme, und ich wusste nicht, wie ich reagieren sollte. So hatte ich ihn noch nie erlebt. Beinahe wirkte er aggressiv.

»Der muss wahnsinnig gewesen sein. Die arme Sarah. Was hat die Kleine damit zu tun? Es ist so furchtbar«, sagte er.

»Ja.«

»Katja, sag bitte Bescheid, sobald du weißt, wann die Trauerfeier für Sarah stattfindet. Ich werde hochkommen.«

»Ja, mach ich.«

Ich musste meine Arbeitsstelle kündigen und den Umzug organisieren. Als ich Philipp, meinen Chef in der orthopädischen Praxis, am Telefon hatte, weinte er sofort los. Auch er war ein guter Freund von Cay gewesen. Durch ihn hatte ich vor vier Jahren die Stelle kurzfristig bekommen, obwohl ich vorher noch nie in einer orthopädischen Praxis gearbeitet hatte. Unser lockerer Umgangston hatte anfangs zu Irritationen in der Praxis geführt. Die anderen Arzthelferinnen hatten hinter meinem Rücken über mich geredet und waren schnell verstummt, wenn ich hinzugekommen war. Das hatte mich zutiefst verunsichert. Philipp war zu jenem Zeitpunkt einer der wenigen, die ich in Stuttgart kannte. Ich war fremd, und die Menschen in dieser süddeutschen Großstadt waren irgendwie anders, als ich es aus der norddeutschen Provinz gewohnt war, wo ich ständig auf Bekannte traf und Blicke und Gesten viel besser einordnen konnte. Vielleicht mussten die anderen Arzthelferinnen mich erst näher kennenlernen und meine Art des Umgangs verstehen, hatte ich damals überlegt. Nach

Feierabend hatte ich Cay von meinen Problemen erzählt, und erst nachdem ich auf seinen Rat hin meine Verunsicherung in der Praxis angesprochen und meine Kolleginnen aufgeklärt hatte, dass Philipp ein Freund von Cay war, hatte sich die Lage geändert. Von da an bildeten wir ein tolles Team. Am Standesamt waren sie damals alle vollzählig erschienen und hatten uns beglückwünscht. Philipp war ein guter Chef, und ich hatte immer Vertrauen zu ihm gehabt.

Seine Stimme am Telefon versagte, und es war nur noch sein Schluchzen zu hören. Philipp war ein Baum von einem Mann, knapp zwei Meter groß und kräftig. Jetzt weinte er, und ich wusste nicht, was ich sagen sollte.

»Katja, entschuldige. Ich … äh, ich kann das alles nicht begreifen. Es tut mir so wahnsinnig leid. Wenn wir doch nur etwas geahnt hätten. Wie konnte Cay so etwas tun? Wie kann jemand so durchdrehen? Ich verstehe das alles nicht. Wieso hat man ihm nichts angemerkt?«

»Das denke ich auch die ganze Zeit.«

»Wie konnte das nur passieren? Was ist in ihn gefahren?«

»Wenn wir das wüssten.«

Philipp sprach die Gedanken aus, die auch mir durch den Kopf gingen, doch ich war Cays Ehefrau gewesen. Hätte ich da nicht etwas ahnen müssen? Ich horchte ganz genau auf, als Philipp vor der gleichen Ratlosigkeit wie ich kapitulierte. Hatten wir denn alle nichts gewusst? Konnte man eine solche Tat oder zumindest ein solches *Durchdrehen* erahnen? Was war nur los? Doch sobald ich versuchte, mir sein Verhalten begreiflich zu machen, wurden meine Gedanken von der Trauer und Verzweiflung überdeckt. Mir fehlte die Kraft, über das *Warum* nachzudenken. Und dann gab es da noch ein anderes, schmerzendes Bohren in mir. Ein Gefühl, das meinen Bauch in Stücke zu reißen drohte und in meinem Kopf ein heißes Pochen verursachte: *Schuld!* War es meine Schuld gewesen?

»Katja?«

»Ja, ich bin noch dran.«

»In der Praxis bedauern wir alle sehr, dass du nicht mehr zurückkommst. Wir haben gern mit dir zusammengearbeitet. Du warst eine wunderbare Kollegin. Aber selbstverständlich akzeptieren wir deine Entscheidung. Es muss alles ungeheuer schwer für dich sein. Ich kümmere mich um die einfachste Lösung für dich, um deinen Arbeitsvertrag aufzulösen«, sagte er zum Abschied.

»Danke.«

»Kann ich sonst noch etwas für dich tun? Brauchst du Hilfe?«

»Danke. Ich habe liebe Menschen um mich.«

»Das ist gut.«

Wir verabredeten noch, dass er bei der Wohnungsauflösung helfen würde. Er machte Vorschläge, welche Aufgaben er übernehmen könne. Auf Philipp war Verlass.

Während ich kaum in der Lage war, auch nur ein winziges Lächeln zustande zu bringen, waren die Menschen in Stuttgart voller Euphorie und in Hochstimmung. Ein Pulsieren und eine freudige Erwartung lagen in der Luft. Robert und ich übernachteten in einem Hotel mit einem Biergarten im Hinterhof. Die Bänke waren dicht aneinandergereiht, eine Theke und ein Grill standen unter einer großen Linde. Bierkisten und Fässer wurden übereinandergestapelt, bereit, Hunderte feiernder Fußballfans während des Spiels zu versorgen. Girlanden dekorierten den Hof. In der gesamten Stadt wehten Deutschlandfahnen, Häuser und Autos waren in Schwarz, Rot, Gold geschmückt, und im Radio war von nichts anderem als der WM die Rede. Am Abend spielte Deutschland gegen Polen. Robert hatte sich so auf die WM gefreut, er war ein großer Fußballfan. In seinem Zimmer hatte er den Spielplan aufgehängt. Und auch ich hatte mich in der Woche vor dem Eröffnungsspiel anstecken lassen, aber das alles spielte jetzt keine Rolle mehr. Es war warm, wir lagen bei geöffnetem Fenster auf dem Bett. Im Biergarten war eine Leinwand aufgebaut, die Gäste trafen lange vor Spielbeginn ein und saßen dicht gedrängt davor, Gläser klirrten, Lachen und Freudenrufe erklangen. Stunden später hörten wir den grenzenlosen Jubel, als das entscheidende Tor geschossen wurde. Alle Menschen in unserer Nähe ließen ihre Freude lauthals ertönen, ein gewaltiges Schreien hallte durch die Stadt. Das ganze Land war ein einziger Jubel. Ein Sommermärchen. Ich konnte es nicht fühlen.

Mein grenzenloser Halt war Robert. Ich stützte mich auf ihn und vertraute ihm blind. Zu keiner Sekunde zweifelte ich an unserer Liebe. Einer Liebe, die in einer Zeit der Tragödie mit jedem Blick, mit jeder Geste und mit jeder helfenden und stützenden Hand, die er mir reichte, weiter wachsen konnte. Robert! Ich traute mich nicht einmal zu denken, was ich ohne ihn tun würde. Er befasste sich mit den Papieren aus meinem *vorherigen* Leben. Er wirbelte durch meine damalige Wohnung und ordnete das Chaos. Er bekam tiefe Einblicke in ein Leben, das nicht mehr existierte.

Ich sah Sarahs Kinderzeichnungen an den Wänden hängen, roch ihren Duft in den Laken und bereitete die Wohnungsauslösung vor. Wenn ich Robert hilflos ansah, dann sagte er manchmal etwas, das mich weiterarbeiten ließ oder mich ablenkte.

»Katja, hast du Hunger? Ich finde, wir sollten eine Kleinigkeit essen, bevor wir weitermachen.«

»Ich mag nichts essen.«

»Eine Kleinigkeit muss sein. Komm, wir gehen rasch in die Pizzeria um die Ecke. Wir haben noch fünf Stunden, bis wir zum Flughafen müssen. Bis dahin haben wir das Gröbste geschafft.«

»Gut.«

Während des Rückflugs wurde mir schwindelig. Ich weiß nicht mehr, wie Robert und ich zu meinem Elternhaus gelangten. Es war bereits mitten in der Nacht, und mir erschien diese Reise nach Stuttgart so unwirklich. Ich lehnte mich an Roberts Schulter und war ihm unendlich dankbar.

Bestatter

Meine Tage verliefen in einem Rhythmus, der mir fremd war. Ich suchte den Schlaf, wann immer ich konnte, und fand ihn manchmal am Nachmittag. Der Schlaf war eine Flucht, solange er traumlos blieb. Jeden Tag hoffte ich auf diesen traumlosen Schlaf. Ich war erleichtert, wenn ich nach einem Mittagsschlaf auf die Uhr schaute und einige Stunden geschafft hatte. Immer wieder schaute ich auf die Zeiger, aber sie hingen träge am Uhrwerk und bewegten sich viel zu langsam. Die Zeit wollte nicht vergehen.

Morgens wachte ich bereits zwischen vier und fünf Uhr auf. Dann schliefen meine Eltern noch, und mir standen einige Stunden des einsamen Grübelns und der Traurigkeit bevor, bis auch sie endlich aufstanden und wir gemeinsam frühstückten. In dieser Zeit wartete ich unbewusst noch immer auf Sarahs Kleinkindgequengel, das nicht kam. Ihr morgendliches Weinen, wenn sie im ersten Moment nicht wusste, wo sie war, und nach mir rief, hatte ich manchmal so klar im Ohr, als käme es aus dem Nebenzimmer.

In den Nächten dämmerte ich meistens nur vor mich hin. Wenn ich irgendwann doch einschlief, folgten wirre Träume, die mich mit pochendem Herzen aufwachen ließen. Und so wartete ich während des Tages darauf, endlich in den Mittagsschlaf flüchten zu können. Die Sehnsucht nach traumlosem Schlaf, bei dem ich der Welt für eine Weile entrückt war und die schmerzhafte Realität fliehen konnte, kreiste stärker in meinem Kopf, als mir recht war. Früher hatte ich mir kaum Gedanken übers Schlafen, Träumen oder gar über Schlaflosigkeit gemacht. Und nun waren der Mangel an Schlaf und die Angst vor Albträumen meine ständigen Begleiter.

Vom Pastor bekam ich die Adresse eines Bestattungsinstituts. Sarah wurde in einer anderen Stadt obduziert und musste nach ihrer *Freigabe* überführt werden, was zu den Aufgaben eines Bestattungsinstituts gehörte, wie ich erfuhr. Ich musste eines damit beauftragen, außerdem einen Sarg aussuchen und den Ablauf der Trauerfeier regeln.

Ich konnte die Bedeutung des Ganzen nicht wirklich begreifen. Vor einer Woche noch hatte mein Engelchen auf dem Bobby-Car gesessen und war die Einfahrt rauf- und runtergefahren. Und nun sollte ich einen Sarg für sie aussuchen.

Ich versuchte zu funktionieren, und wenn man mir sagte, was zu tun war, dann gelang mir das auch halbwegs. Ansonsten verkroch ich mich unter der Decke und grübelte. Wenn ich doch nur die Zeit zurückdrehen könnte! Zurück auf das lange Telefonat mit Cay. Ich hätte ihm nicht alles sagen sollen. Ich hätte nicht von einem Ende unserer Ehe und schon gar nicht von meinen Gefühlen für Robert sprechen sollen. Vielleicht war meine Ehrlichkeit der Auslöser seiner Wahnsinnstat gewesen? Ich hätte meine Gedanken und Gefühle anders formulieren sollen, Stück für Stück, behutsam, eine Nachricht nach der anderen. Aber ich hatte nichts verbergen, nichts hinter seinem Rücken beginnen wollen. Ich hatte den Wunsch, ein neues, ein anderes Leben zu beginnen, und es sollte auf Ehrlichkeit basieren. Doch das war der Anfang vom Ende gewesen.

Sarah hätte ich nicht mit ihm fahren lassen sollen, nicht nach unserem Spaziergang und dem langen Gespräch. Ich hatte merken müssen, dass er etwas plante. Warum hatte ich ihm beim Abschied vertraut? Ihm das sogar noch gesagt? Niemals hätte ich ihm zugetraut, dass er so etwas tat. Ich hatte nicht gespürt, dass er am Ende seines Lebens stand. *Erweiterter Selbstmord.* Meine Gedanken drehten sich im Kreis.

Als der Besuch beim Bestatter nicht mehr länger aufzuschieben war, konnte Robert mich nicht begleiten. Zum ersten Mal seit Sarahs Tod fand er keine Zeit für mich.

»Es geht leider wirklich nicht, Katja. Ich habe keinen Urlaub mehr. Die Firma war in letzter Zeit mehr als großzügig mit meinen freien Tagen. Ich muss meinen Kollegen ablösen. Es geht beim besten Willen nicht. Du musst ohne mich zum Bestatter. Es tut mir wahnsinnig leid. Warum gehst du nicht mit Basti? Ich kann ihn fragen und ihm alles erklären, wenn du möchtest. «

»Meinst du? «

»Ja, dann bist du nicht allein. Er wird dich sicher gern begleiten. «

»Gut. «

Robert wusste, dass ich niemanden aus meiner Familie dabeihaben wollte. Die Betroffenheit meiner Eltern lähmte mich. Anja wurde von ihren Kindern gebraucht, die den Tod ihrer Cousine nicht begreifen konnten. Niemand aus meiner Familie konnte mir bei der anstehenden Aufgabe beistehen. Es war sicher einfacher, jemanden an der Seite zu haben, der meine Sarah kaum kannte. Basti würde keine belastenden Fragen stellen. Er war sicher längst von Robert in alles eingeweiht worden.

Für mich war es die bisher schwerste Aufgabe seit ihrem Tod. In der Nacht tat ich kein Auge zu. Widerwillig aß ich ein wenig zum Frühstück, und auf dem Weg zum Bestattungsinstitut zitterten mir die Knie. Ich konnte mich kaum auf den Beinen halten. Als Basti und ich vor dem Gebäude des Bestattungsinstituts standen, wurde mir schlecht. In meinem Bauch lag ein schwerer Stein, der mich kaum durchatmen ließ. Meine Lungen fanden keinen Raum in meinem Körper. Wie sollte ich Luft schöpfen?

Etwas hinderte mich daran, durch die Tür zu treten. Es kam mir vor, als würde mit diesem Schritt Sarahs Tod endgültig und unumkehrbar, als würde ein Schlussstrich gezogen, den ich nicht ziehen wollte. Basti schaute mich an und gab mir einen stillen Ruck.

Und dann standen mein alter Freund und ich, sieben Jahre nachdem wir uns als Schüler im Sommerurlaub kennengelernt hatten, stumm in einem Bestattungsinstitut und suchten einen Sarg für meine ermordete Tochter aus.

Basti stellte mir keine Fragen, und ich war ihm dankbar dafür. Schweigend betrachteten wir die ausgestellten Särge und schauten uns Fotos verschiedener Modelle an. Ich merkte, wie fest ich meine Gefühle in mir verschlossen hatte. Es war die einzige Möglichkeit, nicht zusammenzubrechen und zu funktionieren. Ich musste und wollte einen Sarg für mein Engelchen auswählen. Und es gab noch eine Reihe anderer Formalitäten zu erledigen. In diesem Moment war Basti mir eine Stütze, am Abend würden Robert und meine Familie wieder an meiner Seite sein. Dieses Wissen gab mir ausreichend Kraft, einen Schritt nach dem anderen zu tun. Ich handelte, ohne zu begreifen. Ich schöpfte Kraft aus Umarmungen, Beistand und Worten. Kraft, um einen Kindersarg auszuwählen.

»Es ist so, liebe Frau«, sagte der Bestatter mit weicher Stimme. Dabei sah er mich direkt an und zeigte einen mitfühlenden Blick. »Es steht uns nur eine begrenzte Auswahl zur Verfügung. Können Sie mir sagen, wie groß Ihr Mädchen ungefähr war? Kindersärge gibt es nur bis zu einer bestimmten Größe. Wir müssen sehen, ob sie hineinpasst.«

Wenigstens diese Frage konnte ich beantworten. Basti drückte meine Hand. Wir standen vor einem Sarg in Grün mit buntem Blumenschmuck. Der Bestatter gab mir die notwendigen Informationen zu den einzelnen Modellen. Dabei blieb er zurückhaltend und sagte kein Wort zu viel. Der Mann fand genau die richtige Dosis an Informationen, ohne mich zu überfordern. Sein Tonfall war neutral, so als würde ich einen funktionalen Gegenstand aussuchen. Das erleichterte meine Aufgabe. Basti und ich mussten nicht lange über die Wahl reden: Ich entschied mich für den grünen Sarg.

»Möchten Sie Ihre Kleine noch einmal sehen?«, wollte der Bestatter von mir wissen, nachdem ich meine Unterschrift unter ein Dokument gesetzt hatte.

Oh Gott, welch eine Frage? Damit hatte ich überhaupt nicht gerechnet. Basti drückte noch immer meine Hand. Mein Engelchen sehen? Ständig hatte ich ihr Bild vor Augen, wie sie lachte und vor Freude kreischte, wie sie mit ihrem Bobby-Car über die Hofeinfahrt sauste, wie sie *Mama* sagte und mir unzählige Fragen stellte, um die Welt zu begreifen. Und ich hatte auch ein anderes Bild vor Augen, ohne etwas dagegen tun zu können: Es zeigte sie in den letzten Minuten ihres Lebens.

»Ich habe Ihre Tochter auch noch nicht gesehen. Wenn ich sie aus der Klinik überführt habe, werde ich Sie benachrichtigen. Dann kann ich beurteilen, ob es vielleicht besser ist, wenn Sie die kleine Sarah so in Erinnerung behalten, wie Sie sie kennen«, sagte der Bestatter.

Ich nickte. Von der Polizei wusste ich, dass Sarah eine ganze Nacht lang in der Badewanne gelegen hatte. Der

Bestatter war bedächtig, und ich vertraute ihm. Er werde sich gern um alles kümmern, wenn ich es wünschte, sagte er zum Abschied.

Als Basti und ich wieder auf der Straße waren, atmeten wir tief durch.

»Und nun musst du *mich* begleiten«, sagte mein alter Freund.

»Was?«

»Wir gehen einkaufen! Du musst mir helfen, ein Hemd auszusuchen. Du weißt doch, ich habe keinen Geschmack.«

»Okay«, sagte ich und versuchte zu grinsen. Wir gingen an schwarz-rot-goldenen Girlanden und Fahnen vorbei durch die Fußgängerzone. Überall wurden Trikots der Nationalmannschaft verkauft. Das deutsche Team stand super im Wettbewerb. Für die meisten Menschen schien es kein anderes Thema zu geben. Jedes Kind kannte die Namen unserer Spieler und wusste, wer wann und wo welche Tore geschossen hat.

Ich trug eine Sonnenbrille und spürte den Wunsch, mich dahinter zu verstecken. Niemand sollte mich sehen, und auch ich wollte niemanden sehen. Basti plauderte, und ich versuchte, ihm zuzuhören. Hauptsache, es geschah etwas und die Zeit verging. In Gedanken lag ich bereits wieder im Bett und zog mir die Decke über den Kopf.

Wenige Tage später rief der Bestatter an und riet mir davon ab, Sarah noch einmal zu sehen. Er meinte es sicher gut. Seit einigen Tagen hatte ich immer das gleiche Bild vor Augen: Sie sitzt im Auto, gibt mir einen letzten Kuss und freut sich darauf, mit ihrem Papa in den Urlaub zu fahren.

Als sie losfuhren, schirmte der Kindersitz ihr Gesichtsfeld ab, aber ich sah noch ihr kleines winkendes Händchen.

Zweimal besuchte mich eine Pastorin im Haus meiner Eltern und bot mir ihren Beistand an. Von irgendwoher nahm sie tröstende Worte. Manche davon erreichten mich. Ich beneidete sie nicht um diese Aufgabe. Unsere Gespräche ließen die Uhr ein wenig schneller laufen, das Zuhören ließ den Tag vergehen, und ich versuchte mir vorzustellen, dass meine Tochter nun in einer anderen Welt war und dort auf mich wartete. Es war schön, wenn mir solche Bilder vor Augen gehalten wurden und ich mich an ihnen festhalten konnte. Am Abend nach dem ersten Besuch der Pastorin fand ich sogar ein wenig Schlaf.

Vierzehn Tage nachdem meiner Sarah das Leben genommen worden war, fand die Trauerfeier statt. Meine Freundin Nicole reiste am Abend zuvor aus Süddeutschland an. Sie war meine Trauzeugin und Sarahs Taufpatin gewesen. Vor einigen Tagen hatten wir ein längeres Telefonat geführt. Sie war fassungslos gewesen, ähnlich wie mein Chef Philipp. Die Reaktionen meines Stuttgarter Freundeskreises unterschieden sich voneinander. Während die einen fassungslos und erschüttert waren, zeigten andere sich ratlos oder sogar wütend. Als Nicole eintraf, lag ich apathisch im Bett und starrte an die Decke. Wir nahmen uns in den Arm und drückten einander. Diese Begrüßung brauchte keine Worte, um den Schmerz und die Fassungslosigkeit auszudrücken, die wir beide empfanden. Nicole wich von da an nicht mehr von meiner Seite. Stundenlang sprachen wir miteinander und wagten uns sogar an Details heran, die ich nur mit jemandem besprechen konnte, der Cay gut kannte. Wenn Nicole und ich uns erinnerten, wie sie vor knapp drei Jahren als Trauzeugin im Standesamt an meiner Seite gewesen war und ich in eine rosige Zukunft geblickt hatte, dann fiel uns das Begreifen noch schwerer. Damals trug ich Sarah in mir, sie war ein Teil von mir, und nun war sie nicht mehr bei uns. Wie konnte der Mann, den ich damals geheiratet habe, dem wir, dem Nicole und ich, und dem selbstverständlich auch ihr Mann Heiner vertraut hatten, den ich sogar geliebt hatte, zu solch einer Tat fähig sein?

Im letzten Winter waren wir gemeinsam mit unseren Männern und Kindern im Skiurlaub gewesen. Heiner hatte Cay immer als einen seiner besten Freunde betrachtet. Sie kannten sich seit vielen Jahren. Ihr Sohn Noah war zu einem vertrauten Spielkameraden von Sarah geworden. In den letzten Jahren waren wir manches Wochenende gemeinsam verreist. Wir hatten uns in guten wie auch in weniger guten Momenten erlebt. Nun holten meine Freundin und ich die alten Geschichten hervor und versuchten uns einen neuen Reim darauf zu machen. Wer war Cay?

Nicoles Nähe und ihr Mitgefühl ließen mich eine gewisse Erleichterung spüren. Es war unmöglich, mich zu trösten, denn wie tröstet man eine Mutter, die ihre kleine Tochter verloren hat? Aber Nicole tat das Beste: Sie verhielt sich *normal,* sie war *da,* und sie stellte sich meiner Untröstlichkeit.

»Wie konnte das alles nur passieren?«, stellte ich meiner Freundin mehrmals in dieser Nacht eine naheliegende und dennoch unmöglich zu beantwortende Frage. Eine Antwort erwartete ich nicht, aber es war eine der quälendsten Fragen. Und dann gab es noch eine andere Frage, die ich nicht aussprechen konnte: Wie sehr musste Sarah in den letzten Minuten gelitten haben?

»Nicole?«

»Ja?«

»Wie … wie konnte das passieren?«

»Darüber grübeln Heiner und ich auch schon die ganze Zeit nach. Übrigens hat Cay uns in den letzten Wochen mehrmals angerufen, in der Zeit, als du hier oben warst.

Er hat sich häufiger als sonst gemeldet, und wir hatten den Eindruck, er wäre richtig gut drauf gewesen. Ist doch irgendwie total seltsam: Er ist bester Laune, und kurze Zeit später nimmt er sich das Leben. Hat er denn alles nur gespielt?«

»Mir hatte er auch gesagt, es ginge ihm ganz gut, zumindest bevor ich direkt von Trennung sprach.«

»Ja, er meinte, er genieße sein Strohwitwerdasein. Er wirkte richtig euphorisch und hat uns vom Laufen und Golfen erzählt. Er hat viel Sport getrieben.«

»Ja, genau, mir hat er das auch erzählt. Ich bekam immer stärker das Gefühl, er freue sich, sein altes Leben wiederzuhaben. Sein Leben ohne mich und ohne Sarah.«

»So konnte es einem wirklich vorkommen. Heiner und ich dachten in letzter Zeit immer häufiger, eure Ehe habe wirklich keine Hand und keinen Fuß mehr. Das alles passte nicht mehr. Es herrschte immer so eine gewisse Anspannung zwischen euch. Als ich das letzte Mal mit Cay sprach, war er so gelöst wie früher.«

»Ich verstehe das alles nicht. Wie konnte er Sarah das antun?«

»In den letzten Tagen habe ich alles gelesen, was mir zu dem Thema in die Finger kam. Es war ein *erweiterter Suizid*: Es soll Menschen geben, die sozusagen zu feige sind, aus dem Leben zu treten, obwohl sie es wollen, die Selbstmordgedanken haben, es aber nicht schaffen, sich umzubringen.«

»Was willst du damit sagen?«

»Solche Menschen brauchen einen triftigen Grund, sie müssen einen Punkt erreichen, von dem aus es kein Zurück mehr gibt. Sie bringen einen anderen Menschen um, meistens einen nahen Angehörigen, um dann mit der Schuld, die sie auf sich geladen haben, wirklich aus dem Leben treten zu *müssen*. Vielleicht trifft das auch auf Cay zu. Aus Gründen, die wir nicht kennen, wollte er nicht weiterleben.«

Ich schaute sie an und versuchte es mir vorzustellen. Die Polizei hatte den Begriff »erweiterter Suizid« mehrfach genannt. Er stand im Zusammenhang mit einer depressiven Erkrankung. Aber war es denn nicht so, dass eine Depression sich erst langsam aufbaute? Das hätten wir doch merken müssen! Wir hatten ihn doch meistens alles andere als betrübt erlebt. Wie konnte Cay kurz vor seinem Selbstmord geradezu euphorisch auf seine Freunde wirken? Gut gelaunt und gelöst? Welch seltsame Depression war das? Nicole und ich schauten uns ratlos an. Irgendwann fehlte mir die Kraft zum Weiterdenken. Die Trauer um meine Sarah überdeckte alles andere.

Am nächsten Tag begleitete meine Freundin mich zur Friedhofskapelle. Sie war an meiner Seite, als wir gemeinsam mit Robert und Basti als Erste die Kapelle betraten. Mein Blick fiel auf den Sarg. Er vergegenwärtigte die Endgültigkeit dieses Anlasses. Mir schossen Tränen in die Augen und benetzten mein Gesicht. Seit Tagen hatte ich nicht mehr weinen können. Das Gefühl der Leere hatte mir sogar die Tränen genommen, aber nun waren meine Wangen nass, und die Welt verschwamm vor meinen Augen.

Wir standen eine Weile allein im Raum. Ich hatte mir diesen Moment der Ruhe gewünscht, bevor die anderen Trauergäste eintrafen. Es sollte mein letzter und ganz persönlicher Abschied von meiner Kleinen sein. Ich schaute auf die Kränze. Einen hatte Cays Firma im Namen aller Kolleginnen und Kollegen geschickt.

Nach und nach traten meine Angehörigen und Freunde in die Kapelle. Die meisten trugen bunte Kleidung. Anja war auf die Idee dazu gekommen, die ich gern aufgenommen und an die Trauergäste weitergegeben hatte. Meine kleine Tochter wurde bestattet, und sie hatte in ihrem kurzen Leben nie Schwarz getragen. Eine schwarz gekleidete Trauergemeinde musste in den Augen eines Kindes beängstigend wirken. In unserer farbigen Kleidung sahen wir weitgehend normal aus. Nur die traurigen und blassen Mienen deuteten auf den Anlass hin.

Während die Trauergäste sich in ein Kondolenzbuch eintrugen, setzte ich mich in die erste Reihe und schaute auf den Sarg. Louis kam zu mir und gab mir und meinen Angehörigen die Hand. Er sprach sein Beileid aus, auch im Namen aller Angestellten aus Cays Firma, und zeigte den gleichen ratlosen Blick wie kürzlich in Stuttgart. Die Fragen nach dem *Warum* und die Unbegreiflichkeit standen ihm ins Gesicht geschrieben.

Mein Vater stand auf und stellte sich eine Weile neben die Trauerkränze. Dabei schien er in sich zusammenzufallen. Er knickte regelrecht ein und wirkte ungewohnt klein und zerbrechlich. Sein lichtes graues Haar ließ ihn plötzlich viel älter wirken. Er hatte unsere Sarah so geliebt und sie ihren Opa. Mein Vater hatte sich nie davor gescheut, mit ihr zu spielen, selbst bei Kleinmädchenspielen verlor er niemals die Geduld. Wie er ihr doch Legosteine hingelegt und beim Hausbau geholfen hatte! In den letzten Wochen hat er die Namen sämtlicher rosafarbener Ponys und Plüschtiere gelernt. Nun stand er neben ihrem Sarg und war überwältigt von seiner unendlichen Trauer. Noch während ich ihn anschaute, verschloss ich mich innerlich gänzlich und blieb regungslos auf meinem Stuhl sitzen.

Den Pastor hatte ich gebeten, kein Wort, nicht einmal eine Andeutung, über die Todesursache zu verlieren. Ich wollte nicht, dass Anjas Kinder eine Ahnung davon bekamen. Die beiden waren viel zu jung dafür. Bisher hatten wir ihnen erzählt, dass Sarah und Cay bei einem Autounfall ums Leben gekommen waren. Es schien uns die plausibelste Erklärung zu sein, weil beide mit dem Auto weggefahren waren und die Polizei im Haus war, um uns zu benachrichtigen.

Im Grunde genommen hatten wir nicht darüber nachdenken können, was die Kinder erfahren sollten. Dafür war alles viel zu schnell passiert. Ich hatte Angst davor, auch die Kinder könnten nachhaltig unter den tragischen Ereignissen leiden. Es gab doch schon genug Leidtragende, deren Trauer ich wie eine Schuld auf mich lud. Eine Schuld, die ich an diesem Tag nur in der Erstarrung ertragen konnte.

Meine zehnjährige Nichte Nele war von Beginn an misstrauisch und stellte permanent Nachfragen. Sie fragte uns, warum das Auto keine Beule hatte, wenn es einen Unfall gegeben hatte. Wir wussten bald nicht mehr, was wir sagen sollten. In unserer Trauer war es schwer, den richtigen Weg zu finden. Wir wollten nur nicht, dass die Kinder noch weiter verängstigt wurden. Was sollten sie denken, wenn ein Vater sein eigenes Kind tötet? Wenn Cay Sarah getötet hatte? Ich befürchtete, sie würden seelischen Schaden nehmen und das Ganze nicht verkraften. Letztendlich mussten wir einsehen, dass Nele die Version des Unfalls nie geglaubt hat. Während der Trauerrede lauerte sie auf jedes Wort des Pastors.

»Gott hat es nicht gewollt, dass ein kleines Mädchen auf diese Weise von uns geht«, sagte er, und meine Nichte horchte auf. Fast erschien es mir, als suche sie nach einer Spur zur Wahrheit über den Tod ihrer kleinen Cousine. *Wenn der Pastor doch bloß keine Andeutungen macht*, flehte ich innerlich. Nele hatte den scharfen Verstand ihrer Mutter, ihr konnte man so leicht nichts vormachen. Wie sollte sie das Unfassbare begreifen, wenn ich doch selbst fassungslos auf den Sarg meiner Tochter schaute und mir nicht vorstellen konnte, dass sie nicht mehr lebte. Meine Tränen waren versiegt, während ich meine Mutter neben mir schluchzen hörte. Robert griff nach meiner Hand, und ich dankte es ihm mit einem Kopfnicken. Wie tröstend es doch war, ihn an der Seite zu haben. Er stand zu mir.

Das alte Leben beenden

Ich wurde immer dünner und blasser. Mehrere Stunden am Stück konnte ich nur noch schlafen, wenn ich eine Tablette nahm und Robert in meiner Nähe war. Er gab mir Ruhe und das Vertrauen in mich selbst, sodass ich meine Gedanken eine Weile ruhen lassen konnte. Meine Mutter weinte fast ununterbrochen und war nicht in der Lage, auch nur für einen Moment abzuschalten. Sie leiden zu sehen verstärkte meinen eigenen Schmerz und machte mich umso hilfloser. Es war nicht viel, was wir angesichts all der Fassungslosigkeit zueinander sagten, und vieles von dem, was sie so beschäftigte, konnte ich anfangs nicht einordnen. Meine Mutter machte sich Vorwürfe. *Vorwürfe!* Warum? Sie hatte doch nichts damit zu tun. Was hätte sie anders machen sollen? Ich war außerstande, diesen Gefühlen nachzugehen. Sie drückten mich nur noch tiefer in einen dunklen Tunnel hinein, dessen Ende ich nicht mehr sehen konnte.

Meine Schwester Ramona war hochschwanger, und die ganze Familie machte sich Sorgen um ihre Verfassung. Die Freude über ihre Hochzeit und das schöne Fest waren verflogen. Liebe und Leiden, Freude und Trauer lagen viel zu dicht beieinander. Immer häufiger fühlte ich nur noch

Leere. Ich starrte aus dem Fenster und betrachtete einen Baum, ohne ihn zu sehen. Meine Welt wurde leerer und leerer, ohne Bäume, ohne Häuser, ohne Straßen und ohne Menschen. Die Leere drohte mich aufzusaugen. Mühsam versuchte ich mich dagegen zu wehren, aber diese Leere wollte mich bereitwillig und mit offenen Armen aufnehmen. Es gab viele Momente, in denen ich ihr gern gefolgt wäre. Ohne Wenn und Aber. Wenn ich meine Mutter betrachtete, dann schien auch sie in diese Leere abzutauchen.

Meine Familie hielt noch enger zusammen, als sie es ohnehin immer tat. Trauer und Ratlosigkeit waren in diesen Tagen die vorherrschenden Gefühle in meiner Umgebung. Wenig später kam noch etwas anderes hinzu: Wut! Sie schlich sich an, man wollte sie zunächst nicht zeigen. Ich sah sie trotzdem, denn auch in mir wütete es, wenngleich dies überlagert war von anderen Gefühlen. Manchmal spürte ich die Wut unbändig in Anja und Robert kochen. Auch wenn sie die Wut auf Cay und seine Taten mühsam zu zügeln versuchten, sobald ich in der Nähe war, entging sie mir nicht. Sie wussten nicht, wohin mit dieser Wut auf den Mann, der unserer kleinen Sarah das Leben genommen und mir damit unendliches Leid zugefügt hatte. Wie konnte er mir das antun?, fragten sie sich, während ich apathisch in Trauer versank und unfähig war, solche Fragen zu stellen. Manchmal fluchten sie, und Anja heulte vor Wut.

Anja war neben Robert diejenige, die mich antrieb, wenn ich nicht aus dem Bett kam und mir die Decke über den Kopf zog. Während ich vor mich hin dämmerte und keine Ahnung hatte, wie ich weiterleben sollte, schien meine Schwester konkrete Vorstellungen und Pläne zu haben.

»Manchmal stelle ich mir vor, wie es wäre, bei Sarah zu sein«, sagte ich zu Anja, ohne über den tieferen Sinn dieser Worte nachzudenken. Sie kamen aus meinem Inneren und bildeten einen Satz, der mir häufig durch die Gedanken kreiste. Einfach nur bei ihr sein: egal, wo, und egal, wie. Sie wartete doch sicher irgendwo auf mich. Meine Kleine war ganz allein in einer fremden Welt. Wie sollte sie dort ohne ihre Mama zurechtkommen? Ich wäre so gern bei ihr.

»Katja! So etwas darfst du nicht denken. Wenn du das tust, dann bekommt er seinen Willen, über den Tod hinaus. Das wollte er doch mit seiner schrecklichen Tat erreichen! Er wollte dich am Boden sehen. Nein! Das darf auf keinen Fall passieren! So schlimm es auch für dich klingen mag, Katja: Die Situation ist nicht zu ändern. Die Tragödie ist geschehen, aber dein Leben geht weiter! Lass dich nicht gehen! Schau nach vorn! Du hast doch uns, deine Familie, und du hast Robert, der dich liebt und den du liebst. Lass dich nicht unterkriegen. Du musst stark sein.«

Ich schaute sie verwundert an. War es wirklich so? Wollte Cay auch mich umbringen? Anja schien davon überzeugt, und nun erzählte sie mir auch, dass Cay sich so merkwürdig verhalten hatte an jenem Vormittag, als er zu unserem Gespräch nach Norddeutschland gekommen war. Offenbar hatte er gehofft, mich allein mit unserer Tochter anzutreffen, und war verwirrt gewesen, als er dabei auch auf Anja traf. Die Polizei hatte mehrere Seile in seinem Auto gefunden. Was wollte er damit? Woher hatte er diese Seile? Wir hatten nie Seile im Kofferraum oder sonst wo aufbewahrt. Ich dachte über ihre Worte nach. Ich dürfe mich nicht unterkriegen lassen, hatte sie gesagt – aber wie sollte das gehen? Woher sollte ich die Kraft dafür nehmen? Ratlos versuchte ich mich an ihre Wut zu klammern, aber es wollte mir nicht gelingen.

»Ich kann nicht mehr!«, sagte ich und ließ den Kopf hängen.

Da packte meine Schwester mich an den Schultern und rüttelte mich.

»Wenn du jetzt aufgibst, dann hat er gekriegt, was er wollte. Katja, das Leben geht weiter. Dein Leben geht weiter. Reiß dich zusammen.«

Als ich Robert von diesem Gespräch erzählte, nickte er heftig mit dem Kopf und pflichtete meiner Schwester bei. Auch er brachte Argumente für ein *Weiterleben* vor, die in meinen Ohren hart klangen, aber sicher richtig waren.

»Wir müssen es so akzeptieren, wie es ist. Es lässt sich nicht mehr ändern«, sagte er nicht zum ersten Mal.

»Was meinst du damit?«, wollte ich von ihm wissen.

»Wir müssen nach vorne schauen.«

Aber wie sollte ich nach vorne schauen, wenn ich mein Kind verloren hatte? Meinen Schatz! Mein Ein und Alles.

Doch dann dachte ich an meine Mutter, die immer nur zurückschaute und sich zudem Vorwürfe machte. Sie hatte es angeblich schon immer gespürt, dass mit Cay etwas nicht stimmte, behauptete sie. Diese Aussage schien sie selbst am allermeisten zu schmerzen.

»Wir hätten dich schützen müssen. Du bist doch unser Kind«, hatte sie kürzlich unter Tränen hervorgebracht.

»Aber Mama!«

Einmal hatte ich meine Mutter mit der Pastorin auf der Hofeinfahrt sprechen gehört. Das Küchenfenster war offen gewesen, und so hatte ich jedes Wort verstanden.

»Wir haben unsere vier Kinder immer beschützt und umsorgt. Und dann kommt ein Fremder und zerstört das alles. Er hat alles kaputt gemacht. Er hat sie ermordet«, hatte sie geschluchzt.

Ich konnte es nicht ertragen, meine Mutter so zu erleben. Ihre Trauer schien endlos.

»Warum kommt sie nicht zurück? Ob ich sie vielleicht eines Tages da oben wiedersehe? Sie ist tot, aber vielleicht ist es dort, wo Sarah jetzt ist, schön. Dort wartet sie auf uns«, sagte sie zur Pastorin.

Mein Vater sagte kaum etwas und litt wortlos vor sich hin.

Doch jede Sache muss besprochen werden, überlegte ich und war doch selbst kaum fähig dazu. Möglicherweise hatte Robert recht, aber wie sollte das gehen? Wie sollte ich nach vorne schauen? Wie sollte ich weiterleben? Wenn ich im Bett lag, stellte ich mir häufig vor, mein Mäuschen wäre noch im Urlaub und käme ganz bald wieder. Manchmal hörte ich sogar ihr Lachen, hörte Autotüren klappen und bildete mir ein, sie wäre zurück. Mein Engelchen kam zurück. Alles war wieder gut.

Dann war es an der Zeit, die Wohnung in Stuttgart an die Vermieterin zu übergeben. Stück für Stück löste sich mein früheres Leben in nichts auf.

Schließlich fuhren wir mit sechs Personen nach Stuttgart, um die Wohnung aufzulösen und meine Sachen abzuholen. Anja und Klaus nahmen einen Transporter, meine Eltern fuhren mit dem Zug und Robert und ich mit einem Mietwagen, weil wir beide früher dort sein wollten, um alles vorzubereiten. Robert und ich quartierten uns in einer Pension ein. Meine Familie übernachtete bei Freunden von mir. Vorab hatten wir eine Zeitungsannonce geschaltet, um die Haushaltsauflösung bekannt zu geben, aber es war zu kurzfristig, und nur wenige Interessierte erschienen. Innerhalb von zwei Tagen räumten wir alles leer, verkauften und verschenkten Mobiliar und Kleidung und strichen die Wände.

Cays ehemaliger Kollege Louis kam uns zu Hilfe. Er fuhr mit einem Transporter vor und übernahm eine Tour mit Möbeln und anderen Gegenständen, die wir an die

Caritas verschenkten. Louis war eine große Hilfe, denn im Gegensatz zu meiner Familie kannte er sich gut aus in Stuttgart. Er hatte unendliches Mitleid mit mir. Das spürte ich aus jeder seiner Gesten und jedem Wort. Er fühlte mit mir und wollte mir wenigstens ein klein wenig meiner Last abnehmen. Cay und er hatten immer ein gutes Verhältnis gehabt, ganz so, wie man es sich unter Kollegen wünscht. Auch wir beide hatten uns auf Anhieb gemocht. Louis war nach wie vor ratlos über Cays unfassbare Tat. Als wir einen Moment lang allein waren, bedankte ich mich für seine Hilfe.

»Ich fand es auch schön, dass du zu Sarahs Beerdigung gekommen bist. Nochmals vielen Dank dafür. Es hat mir gutgetan.«

»Mehr konnte ich leider nicht tun. Ich wünschte, es wäre anders gekommen. Wie konnte Cay das nur tun? Warum hat niemand etwas geahnt?«

Ich biss mir auf die Lippen und zuckte mit den Schultern. Ihm ging es nicht anders als allen anderen Freunden und Bekannten. Die Ahnungslosigkeit war quälend. Man zweifelte an der eigenen Wahrnehmung.

»Wie soll man sich solch eine Tat erklären? Cay war manchmal vielleicht etwas ungewöhnlich in seinem Verhalten, aber doch nicht so … wie soll ich sagen … so extrem«, sagte Louis.

»Ich weiß auch nicht mehr. Mir ist das alles ein Rätsel. Ich mache mir solche Vorwürfe.«

»Das musst du nicht. Er muss krank gewesen sein.«

»Das sagen viele: So etwas macht kein normaler Mensch. Aber was heißt das?«

Louis kämpfte gegen seine Ratlosigkeit und fand doch kein geeignetes Mittel. Er wollte verstehen, wie so etwas geschehen konnte, wollte wissen, wie sein Kollege zum Mörder und Selbstmörder geworden war. Aber jetzt wollte er lieber nichts mehr sagen, und auch ich mochte nicht mehr darüber reden.

Anja und Klaus behielten den Überblick, verpackten, stapelten und machten sauber. Die Arbeit funktionierte Hand in Hand. Meine Eltern schienen beinahe erleichtert zu sein, endlich etwas tun zu können.

Immer wenn ich Sarahs Sachen zwischen meiner Kleidung fand, ihr Spielzeug zwischen dem Mobiliar und die gerahmten Fotos an der Wand, verkrampfte sich mein Magen. Ich riss mich zusammen und machte weiter. Gelegentlich musste ich entscheiden, was mit welchen Dingen geschehen sollte, aber alsbald verlor ich den Überblick. Es waren unzählige Kleinigkeiten, von denen ich viele nie wiedersehen wollte. Als Philipp aus der Praxis kam, um mitzuhelfen, waren wir bereits ein gutes Stück vorangekommen. Er trug eine Trauermiene und zeigte zur Begrüßung ein gequältes Lächeln.

»Ich habe dir etwas mitgebracht. Das solltest du sehen, bevor dich jemand darauf anspricht. Ist kürzlich erschienen«, sagte er. An seinem Tonfall konnte ich erkennen, dass es nichts Erfreuliches war. Mein ehemaliger Chef reichte mir eine Zeitung.

Das Foto und die fetten Lettern auf der ersten Seite eines Stuttgarter Blattes schnürten mir die Kehle zu. *Trennungsdrama: Versicherungsmakler nimmt seine Tochter mit in den Tod.*

Ich war auf dem Bild klar zu erkennen, nur Sarah hatte man unscharf dargestellt. Im Innenteil der Zeitung gab es ein weiteres Foto von uns und eines von Cay, auf dem er strahlend und lachend zu sehen war. Ein Mann, der mitten im Leben stand. Ich schnappte nach Luft.

»Was ist das? Woher kommt das?«

»Das ist vor einigen Tagen erschienen. Vielleicht solltest

du dir das Lesen ersparen. Es stimmt ohnehin nicht mal die Hälfte. Merkwürdiges Zeug. Da fragt man sich, woher die das haben«, sagte Philipp.

Ich begann dennoch zu lesen.

Furchtbares Trennungsdrama: Cay Z. (41) aus Stuttgart ertränkte seine Tochter Sarah (2) in der Badewanne, danach erhängte er sich. Die Hintergründe ...

In aller Ausführlichkeit wurden Einzelheiten des Dramas beschrieben, von Cays Reservierung des Hotelzimmers bis zu seinen Kosenamen für Sarah. Cay wurde im Artikel als erfolgreich und lebenslustig dargestellt, Details zu seiner sportlichen Laufbahn waren korrekt wiedergegeben. Doch als es um mich ging, beruhte die Geschichte weitgehend auf Verleumdungen.

Ich konnte die Worte kaum aufnehmen, die Buchstaben flimmerten vor meinen Augen, und mein Puls schnellte unter der verdrehten Version unserer Trennungsgeschichte in die Höhe. Ich hatte Cay angeblich *gedemütigt*. Dieses Wort sprang mich förmlich an. In der Zeitung war von einer Affäre die Rede. Ich sollte offenbar mit einem Nebenbuhler aufgetaucht sein und hätte Geldforderungen gestellt. Der Mund der Leute war ein Schreckenstor.

Das gab mir den Rest. Ich wollte nicht mehr. Ich konnte nicht mehr. Mir wurde schlecht. Schuldgefühle ließen mich in ein noch tieferes Loch fallen. Wenn ich mich anders verhalten hätte, dann wäre das Unglück vielleicht nicht passiert. Diese Gedanken rasten mir durch den Kopf, und diese Gedanken hatten sicher auch die Leser der Zeitung. Ich war schuld.

»Katja, es tut mir so leid«, sagte Philipp.

»Wer steckt dahinter? Wer hat der Presse die Informationen gegeben? Woher kommt das private Foto, das Sarah und dich im Schnee zeigt?«, fragte Robert in den Raum hinein.

Ich schüttelte nur mit dem Kopf und hoffte inständig, dass in meiner Heimat niemand diesen Artikel las. Das war zum Glück eher unwahrscheinlich, denn es handelte sich um ein Lokalblatt. Als ich mich ein klein wenig gefangen hatte, grübelte ich darüber nach, wer dahinterstecken mochte. Meine Angehörigen stellten Spekulationen an. Doch es führte zu nichts. Woher sollten wir wissen, wer mit der Presse gesprochen hatte? Ich stand kurz vor einem Zusammenbruch. Was dachten meine Stuttgarter Freunde und Bekannten jetzt wohl über mich? Mein Gott, was musste ich noch alles ertragen?

Für den nächsten Tag hatte Petra sich angekündigt, um ihr Fahrrad abzuholen. Es stand seit Monaten im Keller, weil Cay es sich für eine Tour ausgeliehen hatte.

Als es am Nachmittag klingelte, zuckte ich vor Schreck zusammen. Wenn doch nur bald alles vorbei wäre! Ich ging mit Robert an die Tür, wo Petra ein wenig abseits im Treppenhaus stand. Ich begriff, dass sie nicht hereinkommen wollte, und auch mir war es recht, wenn wir nur kurz und ungestört miteinander sprachen. Wir hatten uns länger nicht gesehen. Seit sie in einer Zweigstelle der Firma arbeitete, war sie aus meinem Blickfeld verschwunden.

»Es ist alles so entsetzlich, mein Beileid«, sagte sie und nahm mich kurz in den Arm.

»Ich verstehe es einfach nicht. Wie konnte das passieren?«, fragte ich sie, ohne eine Antwort zu erwarten. Petra kannte Cay seit vielen Jahren und damit sicher besser als manch anderer. Vielleicht sogar besser als ich.

»Er konnte anscheinend nicht mehr. Das war zu viel für ihn.«

»Was war zu viel? Wie meinst du das?«

»Na, die Trennung und dass du oben bleiben wolltest. Das war einfach zu viel. Cay war früher schon in Behandlung gewesen. Bestimmte Belastungsgrenzen durften bei ihm nicht überschritten werden.«

»Behandlung?«

»Wusstest du das etwa nicht?«

Ein Schrecken durchfuhr mich. Wovon sprach sie? Robert schaute mich an, und Petra schien nach Worten zu suchen. Ich war vollkommen überrascht.

»Hast du das denn nie mitbekommen? Er war doch oft so … so … wie soll ich sagen? So schwankend in seinen Stimmungen und so nervös. Eigentlich fand ich, dass es in letzter Zeit besser geworden war. Ich dachte, er hat das Schlimmste überwunden.«

»Ich weiß nicht, na ja, er hat manchmal diese komischen Entspannungsübungen gemacht.«

»Du meinst sein seltsames Strecken und Zucken? Das war früher viel schlimmer.«

»Aber welche Behandlung meinst du denn?«

»Also, wie soll ich sagen …« Petra druckste herum und schien überrascht von meiner Ahnungslosigkeit. Sie konnte sich offenbar nicht vorstellen, dass ich als seine Ehefrau nichts von seiner Behandlung wusste. Aber so war es! Ich hörte hier und jetzt zum ersten Mal davon.

»Also, das war keine Behandlung wegen normaler Übermüdung oder Überforderung. Es war wegen seiner Psyche.«

»Er war psychisch krank?«

»Cay hatte doch schon immer Probleme gehabt, besonders mit hohen Anforderungen. Auch vonseiten seiner Familie. Sie hatten sich mehr von ihm erwartet. Er hätte mindestens Arzt werden sollen, am besten Chirurg und kein Versicherungsmakler. Ihm ging es zeitweilig richtig schlecht.«

»Aber das ist doch kein Grund … ich meine, das, was er getan hat, war wahnsinnig. Er kann doch nicht normal gewesen sein. Das hat auch die Polizei gesagt. Erweiterter

Suizid deutet auf eine psychische Krankheit hin«, sagte ich und kam mir im selben Moment noch ahnungsloser und zugleich hintergangen vor. Alle Welt schien mehr zu wissen als ich.

»Solange ich ihn kenne, hatte er mit Problemen zu kämpfen. Er hatte auch schon immer Schulden und jonglierte ständig mit irgendwelchen Konten und Krediten herum. In seinen guten Phasen hat er das Geld mit vollen Händen ausgegeben und sich total selbst überschätzt. Und als erfolgreicher Versicherungsmakler hat man Zugang zu großzügigen Dispositionskrediten. Das hat er voll ausgenutzt. Ich habe ihm doch auch Geld geliehen. Deshalb gibt es auch das Konto, in dem ich als Begünstigte eingetragen bin.«

Ich nickte, obwohl ich Petra kaum folgen konnte. Sie sprach von seinen Schulden, als wären sie die selbstverständlichste Sache der Welt. Er jonglierte mit Krediten? Warum wusste ich nichts davon? Mit wem war ich überhaupt verheiratet gewesen? Wie ahnungslos und dumm war ich denn? Wie konnte er das alles vor mir verheimlichen, wenn seine Exfreundin bestens Bescheid wusste? In meiner Ehe musste einiges an mir vorübergegangen sein. Aber was hatte das alles mit seiner Wahnsinnstat zu tun? Wie ließen sich Geldverschwendung und ein erweiterter Selbstmord in Zusammenhang bringen? Es musste etwas geben, was sich im Geheimen abgespielt hatte. Ein *anderes* Leben. Ein *zweites* Leben.

»Hast du den Artikel gelesen?«, fragte ich, und Petra nickte.

»Es tut mir sehr leid. Ich wünsche dir alles Gute, dir und deiner Familie. Ich muss jetzt los.«

Fassungslos stand ich im Treppenhaus. Ich hörte ihre Autotür klappen, irgendwo lief ein Radio, am Abend sollte Deutschland spielen.

Mir steckte ein Kloß im Hals, der mich am Sprechen hinderte. Ganz langsam versuchte ich einige Puzzlesteine zusammenzufügen. Welche Art von Behandlung konnte Petra gemeint haben? Unter welchen psychischen Problemen hatte mein Mann gelitten, ohne dass ich es wusste? Auch von seinen Eltern hatte ich nie eine Andeutung zu diesem Thema aufgeschnappt. Wir waren mehrmals mit Freunden im Urlaub gewesen, man kannte sich seit Jahren, und wir verbrachten mehrere Tage gemeinsam in einem Appartement. Niemals war dabei eine mögliche Depression zur Sprache gekommen. Niemand hatte mich je darauf angesprochen.

»Robert, hast du gemerkt, dass Cay psychisch krank war? Ist dir etwas an ihm aufgefallen?«, fragte ich in meiner Ratlosigkeit. Inzwischen zweifelte ich mehr denn je an meiner Wahrnehmung.

»Nein, aber ich habe ihn doch immer nur mal kurz erlebt, wie du weißt.«

»Hast du jemals gedacht, dass mit ihm etwas nicht stimmte?«

»In meinen Augen war er so ein Wichtigtuer, ein Blender, kann man vielleicht sagen. Von einer psychischen Krankheit hat man ihm jedenfalls nichts angemerkt. Was soll das für eine Krankheit sein? Nach außen hin gut drauf und innerlich vollkommen fertig? Ich verstehe das auch alles nicht.«

»Mir geht es genauso wie dir.«

»Selbstmord kommt häufig vor, das weiß jeder, und er geschieht oft überraschend für die Angehörigen, was man so liest. Aber was Cay getan hat, gehört doch wohl in eine andere Kategorie.«

»Erweiterter Suizid«, sagte ich, ohne mit den beiden Worten etwas anderes verbinden zu können als den gewaltsamen Tod meiner Tochter. Das war das Einzige, worüber ich die meiste Zeit nachdachte. Er hat sie getötet. Über die Hintergründe zermarterte ich mir den Kopf.

Gegen Abend war die Wohnung besenrein. Meine Familie und Freunde hatten ganze Arbeit geleistet. Ich schloss die Tür und übergab die Wohnungsschlüssel an die Vermieterin. Ich wollte nicht mehr zurückschauen, wollte nur noch weg aus Stuttgart. Weg aus diesem Leben.

Schlechte Presse

Mir ging es schlecht, doch es kam noch schlimmer. Die Zeitungsmeldung verfolgte mich, denn ein Lokalblatt aus meiner Heimatregion veröffentlichte eine leicht veränderte Version des Stuttgarter Artikels und verdrehte die Tatsachen ein weiteres Mal. Hier wurde ich zweifelsfrei als untreue und geldgierige Ehefrau dargestellt.

Ein verletzendes Wort kann scharf wie ein Schwert sein.

Jedes einzelne Wort aus dem Artikel nahm mir die Luft zum Atmen. Der Kloß in meinem Hals schnürte mir die Kehle immer weiter zu. Wenigstens war keines der Fotos abgedruckt worden. Aber trotzdem konnte sich jeder Leser aus unserer Region zusammenreimen, wer in diesem Artikel gemeint war. In Kleinstädten und auf dem Lande sprechen sich Geschichten über Mord und Selbstmord auch ohne Zeitungsmeldungen herum. Da muss nur ein Nachbar ein Polizeiauto sehen, Schreie hören, trauernde Angehörige sehen, und schon ist eine Geschichte im Umlauf. Hier nun wurden angebliche Fakten geliefert. Die untreue Ehefrau war schuld! Am liebsten wäre ich im Erdboden versunken.

Der Klatsch der Leute dauert fünfundsiebzig Tage, heißt es. Doch wie sollte man eine solche Geschichte je vergessen, fragte ich mich.

Von nun an igelte ich mich fast vollständig ein. Zur Trauer um Sarah gesellten sich pure Verzweiflung und die Frage nach dem Sinn des Lebens. Gab es für mich überhaupt noch einen? Immer mehr Zweifel machten sich in mir breit und legten sich auf meinen Magen wie ein Wackerstein, hart und schmerzend.

Draußen war das Land noch immer im WM-Fieber, aber ich wollte mit der Welt nichts mehr zu tun haben. Nur ein einziges Mal schaffte Robert es, mich zu einem gemeinsamen Gang in die Stadt zu überreden. Ich müsse doch auch mal raus, sagte er. Es würde mich vielleicht ablenken und auf andere Gedanken bringen. Ihm zuliebe ging ich schließlich mit. Als wir die Fußgängerzone erreichten, war ich mir sicher, jeder Zweite hatte die Zeitung gelesen und wusste, dass es sich in dem Artikel um mich handelte. Jeder konnte sich denken, dass es sich bei dem getöteten Mädchen um meine Tochter handelte. Und Cay war in der Stadt ohnehin bekannt. Selbst wenn er schon seit vielen Jahren in Süddeutschland lebte, so hatte er doch Kontakte gepflegt und war regelmäßig zu Besuch gekommen. Viele hatten uns gekannt, auch wenn wir nicht mehr hier gelebt hatten. Sicher hatten alle von den Geschehnissen gehört. Mir kam es so vor, als würden die Blicke der Passanten auf den Straßen mich durchbohren. Robert hatte alle Hände voll zu tun, mich zu beruhigen und mir dieses Gefühl auszureden. Wir trafen gleichaltrige Freunde, die wegen der Fußballweltmeisterschaft in Feierlaune waren. Manche hatten sich schwarz-rot-goldene Streifen aufs Gesicht gemalt. Als ich auftauchte, verstummten sie für einen kurzen Moment, manche nahmen mich in den Arm. Was mochten sie über mich denken? Gaben auch sie mir die Schuld an der Katastrophe? Selbstzweifel quälten mich. Am liebsten wäre ich davongerannt, aber niemand stellte Fragen, und keiner sprach mich auf den Artikel an.

Vielleicht hatte ihn auch niemand gelesen. Es gab erfreulichere Nachrichten. Meine Bekannten wirkten unbekümmert und seltsam gleichgültig. Ihr Lachen erschien mir beinahe fremd. Wann hatte ich das letzte Mal gelacht? Immerhin lenkte die WM-Stimmung mich für einen Moment von meinen Sorgen ab. Vor den Kneipen und auf den Plätzen flimmerten Bildschirme und Leinwände. Immer mehr Menschen strömten an diesem schönen Sommerabend in die Innenstadt und drängten zu den Bierständen. Niemand wollte diese WM allein vor dem heimischen Fernseher erleben. Das Public Viewing hatte enorme Ausmaße angenommen. Diese Information war selbst zu mir durchgedrungen, und nun sah ich es mit eigenen Augen. Auch wenn ich mich nicht auf das Spiel konzentrieren konnte, so war ich zumindest unter fröhlichen Menschen, die mich an ein normales Leben erinnerten. Doch dieses Gefühl hielt nicht lange an. Schon bald hielt ich es nicht mehr aus unter Menschen und wollte nach Hause gehen. Dort zog ich mir wieder die Decke über den Kopf.

»Robert, ich mag nicht mehr.«

»Was magst du nicht mehr?«

»Leben.«

Irgendwann schlief ich in seinen Armen ein. Der nächste Morgen fühlte sich ein wenig besser an. Aber als ich an den Artikel dachte, drehte sich wieder mein Magen um. Am Mittag kam Anja und rüttelte mich wach.

»Lass dich nicht einschüchtern! Du verkriechst dich jetzt nicht! Dann hat er doch das erreicht, was er wollte. Du lässt dir dein Leben nicht von ihm zerstören«, wiederholte Anja immer wieder.

»Von wem?«

»Von Cay!«

Ich ahnte mehr denn je, wie recht sie hatte, aber es fiel mir unendlich schwer, mich aufzurappeln. Dann dachte ich an all die anstehenden Aufgaben. Ich musste mich um meine Witwenrentenansprüche kümmern, mich beim Arbeitsamt melden, ein Bankkonto eröffnen und Rechnungen bezahlen. Die rechtliche Situation war kompliziert. Cay hatte unsere Tochter getötet und dann sich selbst. Aus welchem Grund? War er krank? War er versichert gewesen? Und wenn ja, unter welchen Voraussetzungen zahlte die Versicherung?

Robert sprach mit einem Anwalt, den er indirekt über seine Firma kannte. Persönlich waren sie sich noch nicht begegnet. Dieser Mann erwies sich als wahrer Glücksgriff für mich. Er hörte mir aufmerksam zu und zeigte ein enormes Mitgefühl. Dann setzte er alle Hebel in Bewegung, um uns zu helfen. Als ich ihm den Zeitungsartikel zeigte, war er empört.

»Sie sollten auf einer Gegendarstellung bestehen. Wenn Sie möchten, dann kümmere ich mich um einen Kontakt zur Redaktion.«

»Meinen Sie, es wird etwas nützen?«

»Es ist in jedem Fall eine Möglichkeit, die Ereignisse aus Ihrer Perspektive zu schildern. Außerdem finde ich es unverantwortlich, eine derart miese Version abzudrucken.«

Nach einigen Telefonaten zur Terminabsprache stand jene Redakteurin vor meiner Tür, unter deren Namen der Artikel erschienen war. Wut stieg in mir auf, und ich musste mich daran erinnern, ihr möglichst sachlich meine Version zu vermitteln. Wir grüßten uns kurz, und ich bat sie auf die Terrasse hinter meinem Elternhaus.

»Bevor wir beginnen, möchte ich von Ihnen wissen, wie Sie überhaupt auf diese abscheuliche Version der Geschichte gekommen sind?«, fragte ich sie. In mir kochte es.

»Ich habe den Artikel, der in Stuttgart erschienen ist,

übernommen, weil er einen direkten Bezug zu unserer Region hat. «

» Und das reichte Ihnen? Der direkte Bezug zur Region? Sie sahen keinen Grund, mit der betroffenen Witwe zu sprechen? Sie haben nicht im Geringsten recherchiert. Kein Journalist hat mich jemals befragt, weder in Stuttgart noch hier. Niemand hat irgendwelche Nachforschungen angestellt. Stattdessen werde ich in der Zeitung als Ehebrecherin und geldgierige Person dargestellt. Ich habe meine Tochter verloren. Wissen Sie überhaupt, was das bedeutet? Haben Sie selbst Kinder? «

» Ja. «

» Ich kann Sie wirklich nicht verstehen. Können Sie mir das bitte erklären? Es macht mich total wütend. Versuchen Sie doch mal, sich in meine Situation zu versetzen. Mir ist das Liebste auf der Welt genommen worden, und dann werde ich auch noch verleumdet. Sie rauben mir die letzte Kraft. «

Die Redakteurin blieb kühl, während ich meine Wut an ihr ausließ. Nur mit Mühe konnte ich mich im Zaum halten.

» Bitte schildern Sie mir Ihre Version «, bat sie mich schließlich.

In aller Kürze erzählte ich ihr die wichtigsten Details. Dabei hielt ich ihren Artikel in der Hand und versuchte die dreisten Lügen und Verzerrungen im Text richtigzustellen. Satz für Satz hangelte ich mich durch die Absurditäten.

Nach einer halben Stunde war sie schon wieder verschwunden. Ich hoffte, nichts vergessen und keinen allzu schlechten Eindruck gemacht zu haben. In den nächsten Tagen blätterte ich die Zeitung von vorn bis hinten durch. Und dann fand ich ihren Artikel, der weder meinen Namen nannte noch ein Foto zeigte und im Weitesten meine Ausführungen widerspiegelte. Ob es mich beruhigte, konnte ich kaum sagen. Es ist schwer, den harten Stein böser Worte glatt zu schleifen. Doch wenigstens hatte ich etwas getan, und wenigstens waren die verdrehten Tatsachen zurechtgerückt worden. Es war eine gute Idee vom Rechtsanwalt gewesen. So konnte ich dieses Kapitel – die öffentliche Anprangerung – wenigstens ein wenig beiseiteschieben.

Und dann stand Anja plötzlich vor mir. Beinahe freudestrahlend meinte sie, nun sei die Zeit gekommen, den Geburtstag meiner Nichte Nele nachzufeiern. Am Tag nachdem man Sarah tot aufgefunden hatte, war Nele zehn Jahre alt geworden, und in der Woche zuvor war ihr zehnter Geburtstag unser Hauptgesprächsthema gewesen. Auch Sarah hatte sich darauf gefreut: *Debordsdag!* Anja hatte die Feier selbstverständlich abgesagt. Mit einer Telefonkette hatten die Eltern es weitergegeben, weil etwas *ganz Schlimmes* passiert war. Aber nun sollte das große Ereignis nachgeholt werden.

»Und du feierst mit!«, sagte meine Schwester und duldete keine Widerrede. »Du wolltest im Juni mitfeiern und hattest es Nele versprochen. Und nun bist du auch dabei!«

»Meinst du wirklich?«

»Ja, das meine ich.«

»Mir ist nicht nach Feiern zumute. Was soll ich da? Ich bin ein Trauerkloß und keine gute Gesellschaft für einen Kindergeburtstag.«

»Nele wird zehn! Das ist nicht irgendein Geburtstag. Zehn! Verstehst du? Sie möchte unbedingt, dass du dabei bist. Neinsagen gibt es nicht.«

»Ist ja schon gut.«

Es kamen ein Dutzend Kinder zur Gartenparty und feierten mit allem, was dazugehörte. Anja und ich bereiteten

Spiele vor, machten das Essen und halfen den Kindern beim Aufbau ihrer Zelte, in denen sie übernachten wollten. Anja und ich legten uns später zum Schlafen auf die Terrasse. Dort richteten wir uns eine kuschelige Ecke ein und versprachen den Kindern, das Zeltlager zu *bewachen*.

Es war eine milde Nacht, und der Geburtstag entpuppte sich als gute Ablenkung für mich. Unterm Sternenhimmel unterhielten Anja und ich uns mit leisen Stimmen. Wenn es ums Reden ging, dann nahm meine Schwester kein Blatt vor den Mund. Ihre Offenheit war manchmal hart, aber ich hatte die Erfahrung gemacht, dass sie fast immer recht hatte und ihre Sichtweise mir guttat. Meistens spürte ich instinktiv, wenn sie mit ihren Mutmaßungen auf der richtigen Fährte war. Und auch ihr schienen unsere Gespräche zu helfen.

»Katja, weißt du, was das Schlimmste für mich ist, seitdem Sarah nicht mehr da ist?«

Mich durchfuhr sofort ein Stich. Wenn ich nur ihren Namen hörte, bekam ich Herzklopfen.

»Was denn?«, flüsterte ich.

»Ich stelle mir manchmal vor, wie sie gelitten haben muss, als er sie ertränkt hat. Ich will das nicht, aber ich steigere mich in diesen furchtbaren Gedanken hinein und kann nichts dagegen tun. Wenn ich mir ihren Kampf vorstelle, dann muss ich automatisch nach Luft schnappen. Manchmal habe ich Angst, dabei zu ersticken. Es ist ganz schlimm. Es schnürt mir fast die Kehle zu.«

»Anja! Das Gleiche habe ich auch schon oft gedacht. Mir geht es genauso wie dir. Ich mag mir nicht vorstellen, was sie in ihren letzten Minuten durchgemacht hat. «

»Es wäre sicher besser, wenn wir uns das nicht vorstellen würden. Es tut so weh. Ich fühle diese furchtbare Atemnot körperlich. Meistens passiert mir das beim Joggen, wenn die Gedanken durch meinen Kopf rasen. Dann habe ich dieses entsetzliche Bild vor Augen und muss sofort stehen bleiben und nach Luft schnappen. Wir sollten diesen Moment aus unserer Erinnerung streichen oder ihn vielleicht irgendwo ablegen, wo er uns nicht urplötzlich überfallen kann. Wir müssen nach vorne schauen. Die Vergangenheit ist nicht zu ändern, aber das Leben geht weiter.«

»Das ist alles so schwer.«

»Ja, aber es bleibt uns nichts anderes übrig. Am Ende zählt nur das Leben.«

»Es klingt so selbstverständlich, wenn du das sagst.«

»Aber so ist es doch auch.«

»Mir ist das Leben oft zu viel.«

»Heute war doch auch für dich ein schöner Tag, oder?«

»Ja, ein schöner Tag.«

Wir schwiegen in die Nacht hinein, und ich dachte über die Worte meiner Schwester nach. Ich war so froh, sie an meiner Seite zu haben.

»Und weißt du noch etwas? Ich mache mir schreckliche Vorwürfe. Ich hätte es verhindern können«, sagte sie plötzlich.

»Anja, wie meinst du das?«

»Als Cay mit Sarah im Auto saß und die beiden losfuhren, du weißt schon, der Moment auf der Auffahrt, als Sarah in ihrem Kindersitz saß und winkte, da hatte ich ein ungutes Gefühl. Ich wollte nicht, dass er sie mitnimmt. Ich war kurz davor, ihnen hinterherzulaufen und sie aus dem Auto zu holen. Aber was hätte ich sagen sollen? Wie hätte ich das erklären sollen? *Cay, ich will nicht, dass du deine Tochter mitnimmst!* Aber glaub mir, Katja, ich habe in dem Moment wirklich gedacht: *Das geht nicht gut.*«

Uns kamen die Tränen. Gemeinsam weinten wir in eine laue Sommernacht hinein. Wo war mein Engelchen jetzt?

»Sarah war ein wunderbares Mädchen. Weißt du noch,

wie sie im Heidepark im Riesenrad saß und nicht wieder runterwollte, weil sie es so toll fand? Uns wurde schon vom Hinsehen schwindelig«, sagte meine Schwester nach einer Weile und grinste.

»Sie war eine total verrückte kleine Maus«, sagte ich und musste beim Gedanken an eine andere Karussellfahrt schmunzeln. »Da gab es doch noch dieses Ding mit den seltsamen Anhängern, die sich erschreckend schräg in die Kurve legten. Sarah fand es toll. Keine Ahnung, woher sie den Mut nahm. Sie wäre bestimmt fünfmal mit ihrem Cousin hineingegangen, wenn wir sie nicht daran gehindert hätten.«

»Meine mutige Nichte! Sie fehlt mir so.«

»Denk mal an die Geschichte mit der Treppe und ihrem Bobby-Car«, sagte ich und musste lachen.

»Da waren wir wirklich von den Socken!«, lachte nun auch Anja.

»Angst schien sie nicht zu kennen.«

»Unsere Kleine wäre bestimmt irgendwann im Zirkus aufgetreten.«

Rückkehr ins Leben

Robert und ich buchten eine Reise in den warmen Süden. Es war seine Idee gewesen, im Herbst noch einmal in die Sonne zu fliegen und weit weg von zu Hause zu sein. Davon versprach er sich Hilfe für mich. Irgendwie musste ich doch ein wenig aufzuheitern sein. Und wenn das nicht in der Heimat funktionierte, wo die Erinnerungen zu stark waren, um mich abschalten zu lassen, dann vielleicht während einer kleinen Reise. Inzwischen waren über drei Monate seit Sarahs Tod vergangen, aber ein normales Zeitgefühl hatte ich ohnehin verloren.

Tatsächlich gelang es mir, am Mittelmeer für einige Stunden des Tages abzuschalten und mich fast wie eine normale Touristin zu benehmen. Ich badete im Meer, machte mich fürs Abendessen hübsch und ließ mich sogar auf die Tanzfläche führen. Robert tat alles, um mich abzulenken. Ihm fielen ständig neue Späße ein, und ich war ihm unendlich dankbar dafür. Er meldete mich sogar für eine Modenschau an, bei der ich über einen Laufsteg stolzierte. Abgemagert, wie ich war, passte ich in Größe 36 und sah angeblich bezaubernd aus.

Doch wenn mich die Traurigkeit einholte, konnte mir niemand helfen. Dann blieb ich in unserem Zimmer, starrte an die Decke und dachte an meine Sarah. Irgendwann während der Ferientage aber kam der Moment, in dem ich mir sagte: *Jetzt ist Schluss! Das Leben muss weitergehen!* Ich fühlte tief in mir den Wunsch nach *Leben,* ohne diesen Gedanken mit konkreten Vorstellungen füllen zu können. Sicher, es machte mir Freude, mit Robert zusammen zu sein, aber das war nur ein Teil des Lebens. Freude sollte ich auch in anderen Momenten empfinden können.

Nachdem wir von unserer Reise zurückgekehrt waren, suchte ich mir eine neue Arbeitsstelle. Wenig später zog ich in eine eigene Wohnung in der nächstgelegenen Kleinstadt. Ich wollte auf eigenen Füßen stehen und allein zurechtkommen. Solange ich den neu erweckten Elan spürte, musste ich ihn ausnutzen.

Das Arbeiten tat mir gut. Meine neuen Kollegen waren nett und kannten meine Geschichte nicht. Meine Mutter überraschten die Schritte, die ich unternahm, und sie ließ mich nur ungern ziehen. Wenn es nach ihr gegangen wäre, dann sollte ich immer bei ihr bleiben. Sie wollte mich in ihrer Nähe haben und auf mich achten. Insgeheim hatte ich jedoch das Gefühl, sie selbst brauchte mich, damit ich auf sie achtete. Sie befand sich noch immer in einem dunklen Tunnel, ohne Licht zu sehen.

»Nimm es mir bitte nicht übel, Mama, aber ich muss hier raus. Es geht wirklich nicht länger. Bei euch habe ich ständig die Erinnerungen vor Augen. Das tut mir nicht gut.«

Robert gegenüber wurde ich deutlicher.

»Die Trauer meiner Eltern macht mich fertig. Ich kann es nicht länger ertragen. Wenn ich noch länger bei ihnen wohne, dann zieht es mich immer weiter runter, obwohl ich manchmal denke, es geht überhaupt nicht tiefer.«

»Ich finde es richtig, was du machst.«

Ich musste weg von der Verzweiflung meiner Mutter

und meines Vaters. Es schmerzte, sie noch immer in Stille leiden zu sehen. Tränen und wortlose Trauer bestimmten ihren Alltag. Dabei wurde kaum über die tragischen Ereignisse gesprochen, keiner von ihnen sagte, was der Verlust und das Entsetzen mit der eigenen Seele angerichtet hatten. Mir hingegen tat es gut, wenn ich darüber sprach. Es erleichterte mich, meine Gefühle herauszulassen. Meine Eltern hingegen verkrochen sich immer mehr. Nur selten gab es Hinweise darauf, was in ihnen vorging, was sie dachten und fühlten.

»Wir hätten dich schützen müssen«, sagte meine Mutter einmal, und ich war hilflos angesichts dieser Worte, denn mich quälten eigene Schuldgefühle. Ich hielt es nicht aus. Es gab Situationen, in denen ich nicht hören konnte, was sie mir mitteilen wollte. Meine Eltern waren nun wirklich die Letzten, die irgendeine Schuld an den Ereignissen traf.

Robert wohnte zu dieser Zeit in einer Wohngemeinschaft mit Basti in einem Nachbarort. Wir besuchten uns häufig und verbrachten so viel Zeit wie möglich miteinander. Robert war in den letzten Monaten zweifellos zu meinem engsten Vertrauten, meinem Partner, meiner Stütze und meiner großen Liebe geworden. Er war der Mann meines Lebens. Unsere Beziehung bekam eine vollkommen andere Basis als noch vor sieben Jahren. Damals waren wir unreif und kaum erwachsen gewesen, und jetzt forderte das Leben Stärke und Übersicht von uns. Ohne Robert hätte ich die Zeit nach Sarahs Tod nicht überstanden.

Die organisatorischen Aufgaben wurden nicht weniger, aber zu meiner Erleichterung regelte der Anwalt einen Großteil des anfallenden Papierkrams. Er war eine unschätzbare Hilfe bei Versicherungsfragen und in der Korrespondenz mit den Banken.

Schon bald nachdem er das Mandat übernommen hatte, beantragte er Einsicht in die Polizeiakten. Nach seiner Prüfung der entsprechenden Unterlagen bat er mich in seine Kanzlei. Er saß hinter seinem Schreibtisch und sah traurig aus. Er war noch jung, höchstens Mitte dreißig, schätzte ich. Mit Familientragödien hatte er in seinem Berufsleben bisher nicht viel zu tun gehabt.

»Frau B., Sie sollten sich keinesfalls die komplette Akte ansehen, allenfalls einige Auszüge. Es macht keinen Sinn, wenn Sie sich mit den Einzelheiten belasten«, riet er mir, und seine Stimme klang brüchig.

Ich hatte keine genaue Vorstellung vom Inhalt der Polizeiakte, aber ich vermutete Fotos darin, die ich mir ohnehin nicht angeschaut hätte. Die Akte war erstaunlich dick und lag aufgeschlagen auf dem Schreibtisch. Plötzlich sah ich die Tränen in den Augen meines Rechtsanwalts. Er verlor die Fassung und schüttelte mit dem Kopf.

»Entschuldigen Sie, Frau B. ... es tut mir leid, aber ich kann es nicht begreifen. Meine Tochter ist im selben Alter wie Ihre Kleine. Es tut mir wirklich unendlich leid, was mit Sarah passiert ist.«

»Sie müssen sich nicht entschuldigen ... niemand kann so etwas begreifen.«

»Es gibt einiges, was Sie sich ansehen sollten«, sagte er, nahm einige Seiten aus der Akte und legte sie mir vor. Anfangs überflog ich die Zeilen nur, weil ich fürchtete, den Inhalt nicht zu verkraften. Doch ich wollte zumindest informiert sein über einige Hintergründe in der Korrespondenz des Rechtanwalts mit den Versicherungen. Dafür waren die Informationen der ermittelnden Behörden von entscheidender Bedeutung. Im sachlich formulierten Polizeibericht stieß ich auf die Vermutung der Beamten, Cay habe die Absicht gehabt, auch mich mit in den Tod zu nehmen. In seinem Wagen befanden sich sogenannte Kälberstricke, geeignet zum Erhängen von Menschen. Mit solch einem Strick hatte er sich in einer Autobahnraststätte erhängt. Als ich den Bericht über den *Tatort* im Hotel entdeckte, blätterte ich weiter. Die Details wären zu viel für mich, aber ich las zumindest, was die polizeiliche Untersuchung ergeben hatte: Meine Tochter war am Abend zwischen 22 und 24 Uhr ertränkt worden. Cay hatte sich zwischen 23 und 24 Uhr erhängt. Am Morgen war Sarah von einem Zimmermädchen gefunden worden. Nach dem Auffinden der Leiche war eine Fahndung in Gang gesetzt worden. In diesem Zusammenhang suchte man nach mir und war in unsere gemeinsame Wohnung in Stuttgart eingedrungen.

Auch hier tauchte der Begriff des *erweiterten Suizids* mehrfach auf, dessen Ausgangspunkt zumeist eine schwere psychische Krankheit ist. Cay wollte aus dem Leben treten. Nachdem er Sarah getötet hatte, blieb ihm nichts anderes mehr übrig. Cay war psychisch krank. Depressiv! Wie hatte er diese Krankheit verheimlichen können? Anscheinend wusste nur Petra etwas davon. Alle anderen gemeinsamen Freunde waren genauso überrascht wie ich. Welche Art von Depression zeigt derartige Auswirkungen? Ich hatte mir immer vorgestellt, ein depressiver Mensch sitze schwermütig in der Ecke und sei ohne jeglichen Antrieb. Doch diese Stimmung spiegelte nur einen Teil von ihm. Er war gleichermaßen voller Elan und Überschwang. Ich verstand die Welt nicht mehr. Eigentlich wollte ich mich nicht unentwegt mit Cay beschäftigen, sondern ihn vergessen, denn ich zeigte selber zunehmend Anzeichen von Depression. Meine Familie und insbesondere Robert machten sich ernsthafte Sorgen um mich.

Keine Normalität

Nachdem ich wieder halbwegs in einem *normalen* Leben angekommen war, eine Arbeitsstelle gefunden hatte, mein Tagesablauf geregelt war und ich eine gewisse Routine im Umgang mit den tragischen Ereignissen fand, häuften sich meine psychischen Einbrüche. So stabil, wie ich bei der täglichen Routine wirkte, so labil zeigte ich mich bei den kleinsten Anlässen. Wenn Robert und ich gemeinsam einen Film schauten und eine traurige Szene lief, fand ich kein Halten mehr. Meine Tränen strömten, und nichts und niemand konnte sie aufhalten. Manchmal brauchte es nicht einmal einen erkennbaren Grund, um mich zum Weinen zu bringen. Ich saß auf dem Sofa und heulte, ich saß am Steuer und heulte, ich ging spazieren und heulte. Ich heulte aus Mitgefühl, Traurigkeit und auch aus Wut. Ein Foto in einem Magazin, eine erschütternde Zeitungsmeldung, eine Naturkatastrophe am anderen Ende der Welt, ein Kriminalfall, ein Unglück, einfach alles brachte mich zum Weinen. Ich fühlte bei jeder noch so winzigen Störung mit. Selbst eine entlaufene Katze machte mich traurig. Ich wünschte mir, dass niemand Kummer hatte und traurig war.

Und dann musste ich einen Grabstein aussuchen. Beim Steinmetz arbeitete der Freund einer früheren Arbeitskollegin, der mich noch aus meiner Ausbildungszeit kannte.

»Katja?«

Zunächst stutzte ich, aber dann erkannte ich sein Gesicht wieder.

»Ich habe gehört, was passiert ist. Das tut mir sehr leid.«

Er zeigte mir die verschiedenen Grabsteinmodelle, und ich wählte einen rechteckigen Stein in rötlicher Färbung.

Sarah * 24. 1 .2004 † 7. 6. 2006

Einen Nachnamen ließ ich nicht einfügen, es wäre Cays Familienname gewesen, mit dem ich innerlich abgeschlossen hatte.

Auf dem Gelände gab es wunderschöne Steinskulpturen. Ein Engel hatte es mir besonders angetan, aber er war viel zu teuer für meinen Geldbeutel.

»Schau dir doch mal die Gravuren an. Sie sind auch sehr schön. Ich schenke dir eine«, sagte der Steinmetz zu mir.

»Wirklich? Das ist aber lieb von dir. Ich weiß nicht, ob ich das annehmen kann.«

»Du kannst«, sagte er und lächelte.

Wenig später schmückte ein schlafender Engel den kleinen Stein. Er hatte seine Hände unters Kinn gelegt und ruhte in einer friedlichen Pose. Mir war er zwischen den unterschiedlichen Gravuren sofort aufgefallen. Der steinerne Engel passte zu meiner Sarah.

Ich ging häufig auf den Friedhof, stand an ihrem Grab und weinte. Immer wieder zog es mich an diesen Ort, wo ich ungestört weinen konnte. Häufig setzte ich mich auch aufs Fahrrad und fuhr kilometerweit durch die Landschaft. Manchmal joggte ich und ließ meine Gedanken kreisen. So fühlte ich mich wohler, als daheim in Grübelei zu verfallen. Wenn das Wetter es zuließ, machte ich lange Pausen an einem See, lag in der Sonne und starrte in den Himmel. Die Wärme und die Weite des Himmels taten mir gut. Manchmal trösteten sie mich sogar, aber oft fühlte ich die feuchte Wärme meiner Tränen an meinen Wangen hinunterlaufen. Ich ließ es geschehen und wehrte mich nicht gegen die abwärtsführende Spirale meiner grübelnden Gedanken. Wenn die schlimmsten Bilder vor meine Augen traten, machte es mir Angst, aber ich kannte kein Gegenmittel.

Und auch am Abend, wenn ich zu Hause war, wollten die Tränen nicht versiegen. Irgendwann hielt Robert es nicht mehr aus. Trauer und Traurigkeit dominierten mein Leben und damit auch seines.

»Meine Liebe! Du brauchst Hilfe, professionelle Hilfe. So geht es nicht weiter. Du kannst doch nicht immer nur weinen.«

»Ich weiß«, schluchzte ich. Wir hatten in letzter Zeit schon häufiger darüber gesprochen, aber bisher hatte ich keine Taten folgen lassen. Mir fehlte die Kraft, einen Therapieplatz zu suchen. Außerdem scheute ich die Erinnerungen und befürchtete, eine anhaltende Beschäftigung mit der Vergangenheit könne meinen Zustand gar verschlimmern. Man würde mir Fragen stellen, ich müsste antworten: So zumindest stellte ich es mir vor. Insgeheim hoffte ich, die Zeit allein würde einen Teil der Wunden heilen, aber danach sah es bisher nicht aus, eher im Gegenteil.

Das Weinen und das Grübeln brachten mich nicht weiter. Unerträgliche Schuldgefühle drückten mich nieder und marterten mich manchmal mehr als die Trauer um Sarah. Ich wollte endlich begreifen. *Hätte ich etwas merken müssen? Hatte ich Cay vollkommen verkannt? Wen hatte ich überhaupt geheiratet? Warum war mir nichts aufgefallen? Hatten seine Eltern womöglich recht, und hatte mein*

Wunsch nach einer Scheidung zur Katastrophe geführt?
Könnte mein Engelchen noch leben? Hätte ich mich an-
ders verhalten sollen?

»Wenn du dir keinen Therapieplatz suchst, dann tue ich es«, sagte Robert eines Abends.

Seinem Blick konnte ich ansehen, wie ernst er es damit meinte. Und noch etwas konnte ich ihm ansehen: Er wünschte mir Hilfe, die er selbst nicht leisten konnte. Hilfe, die niemand aus meinem Umfeld leisten konnte. Ich brauchte professionellen Beistand. Meine Seele brauchte mehr als Mitgefühl.

Und so machte ich mich selbst auf die Suche nach einem Therapieplatz. Bisher hatte ich keine Erfahrung mit Beratungsstellen oder gar mit den unterschiedlichen Methoden der Psychotherapie gemacht. Ich suchte mir eine Therapeutin in der Nähe und vereinbarte einen Termin.

Wenig später hatte ich mein erstes Gespräch. Diese Situation war enorm belastend für mich, weil ich zum ersten Mal einer Fremden von Ereignissen erzählen musste, die mir den Boden unter den Füßen weggerissen hatten. Ich wollte mich verständlich ausdrücken, ohne mich in Tränenausbrüchen zu verlieren. Die Therapeutin saß mir gegenüber, ließ mich erzählen und machte sich Notizen. Während sie schrieb, hörte ich gelegentlich ein teilnahmsloses *Mh* oder ein *Ja*. Sie stellte einige wenige Fragen und wirkte in meinen Augen beinahe desinteressiert. Ihre Art verunsicherte mich, aber ich versuchte mir einzureden, ihre Zurückhaltung sei eine Methode der Therapie. Ich fühlte mich ausgesprochen unwohl und brachte am Ende der Sitzung sogar den Mut auf, es ihr sofort zu sagen.

»Frau B., es tut mir leid, aber ich bin keine ausgebildete Traumatherapeutin. Ich fürchte, Ihnen nicht helfen zu können«, antwortete sie.

Ich war überrascht. »Was bedeutet das?«

»Sie leiden unter einem tiefen Trauma und brauchen eine spezielle Therapie! Eine Traumatherapie. In Ihnen dominieren Schuld, Wut, Angst und Trauer. Für die Behandlung dieser Form der Traumatisierung habe ich keine Befähigung. Es wird besser sein, Sie suchen sich eine andere Therapeutin. Vielleicht sollten Sie es in einem Klinikum versuchen. Dort werden Sie bessere Hilfe finden.«

Stand es denn so schlimm um mich? Ich raffte mich ein weiteres Mal auf und bemühte mich um einen Kontakt zu einer Klinik. Dort wurde ich an eine Abteilung verwiesen, in der Spezialisten für vergleichbare Fälle wie meinen arbeiteten. Zunächst scheute ich mich vor einem Besuch in dem Hospital, aber dann dachte ich an Robert und unsere Beziehung. Er hatte vollkommen recht! So konnte es nicht weitergehen! Ich wollte leben! Und sogar mehr als das: Ich wollte wieder glücklich sein. Ich war sechsundzwanzig Jahre alt und durfte nicht den Rest meines Lebens trauern.

Bei meinem ersten Besuch war ich schockiert. In der Psychiatrischen Ambulanz traf ich auf Patienten, die offensichtlich nicht mehr im Vollbesitz ihrer geistigen Kräfte waren. Manche nahmen sicher starke Medikamente, wie ich an ihren Gesten und Blicken bemerkte. Gehörte ich hierher? Manch Außenstehender hätte diese Menschen als *Verrückte* bezeichnet. Was hatte ich mit diesen Leuten zu tun? Was hatte ich hier nur verloren? Am liebsten wäre ich davongerannt.

Doch sobald ich im Sprechzimmer der Therapeutin saß, bekam ich ein besseres Gefühl. Im Gegensatz zum Behandlungszimmer meiner ersten Therapeutin zeigte dieser Raum zwar kaum Schmuck und Behaglichkeit, sondern erinnerte eher an ein Arztzimmer in schlichtem Weiß. Aber die Therapeutin, Frau Precht, sorgte mit ihrer Art für eine angenehme Atmosphäre. Sie war offen, warmherzig und hielt Blickkontakt zu mir. Nachdem sie sich vorgestellt hatte, wusste ich gleich, dass ich es mit einer ausgebildeten Medizinerin zu tun hatte. Ihre Fragen an mich waren klar und deutlich, und so machte mir das Erzählen wenig Mühe. Ich bekam sogar das Gefühl, es tue mir gut.

Nach Ablauf der ersten Stunde überraschte sie mich.

»Ich habe Ihre Geschichte über die Presse und über Erzählungen mitbekommen. Sie wissen selbst, wie es bei uns auf dem Lande zugeht: Man spricht über so etwas. Und ich kannte Ihren Mann sogar. Zwar hatte ich nie direkt etwas mit ihm zu tun, aber wir sind auf die gleiche Schule gegangen. Ich erinnere mich gut an ihn. Seine Schwester kenne ich etwas besser. Das sollten Sie wissen, bevor Sie sich für eine Therapie bei mir entscheiden. Wenn Ihnen das zu viel Nähe zu ihm und zu Ihrer Geschichte ist, dann können wir nach einer anderen Therapeutin für Sie suchen. Hier in der Klinik haben wir einen kleinen Stab ausgebildeter Fachkräfte.«

Frau Precht war mir sympathisch und wirkte vertrauenswürdig, und ich empfand es sogar als Vorteil, ihr nicht die ganze Geschichte in allen Einzelheiten erzählen zu müssen. Und noch besser gefiel mir, dass sie Cays Familie ein wenig kannte. So hatte sie sich hoffentlich längst ein eigenes Bild gemacht und hielt meine Schilderungen über Cays familiären Hintergrund nicht für vollkommen verrückt.

»Ich finde es gut, dass Sie das Umfeld meines … äh, also … das Umfeld von Cay kennen. Ich möchte gern eine Therapie bei Ihnen machen.«

»Gut, das freut mich sehr.«

»Frau Precht, sagen Sie mir ganz ehrlich: Hätte ich vorher etwas merken müssen? Hätte ich spüren müssen, dass er etwas so Wahnsinniges plante?«, fragte ich sie beim Hinausgehen unvermittelt. Dieses Thema brannte mir derart unter den Nägeln, dass ich nicht länger warten konnte. Vielleicht hatte sie eine Antwort für mich. Vielleicht bekam ich hier und jetzt einen Hinweis, der mir ein wenig Klarheit verschaffte und Last von den Schultern nahm.

»Wir werden über alles sprechen. Es geht darum, Ihnen zu helfen, dass Sie das Geschehene verarbeiten. Und dabei werden wir ganz sicher auch an Ihren quälenden Schuldgefühlen arbeiten. Es ist sehr gut, dass Sie offenbar in einem stabilen Umfeld leben. Das wird die Therapie erleichtern und unterstützen. Aber trotzdem braucht alles eine gewisse Zeit.«

Quälende Schuldgefühle. Das hatte sie treffend ausgedrückt. Frau Precht machte auf mich den Eindruck, als sei ich nicht ihre erste Patientin mit derartigen Problemen. *Ich war traumatisiert!* Daran gab es nun keinen Zweifel mehr.

Etwas über ein Jahr nachdem die Tragödie über mich hereingebrochen war, besuchte ich nun also eine ambulante Traumatherapie. Wir verabredeten einen vierzehntägigen Rhythmus, in dem ich in die Klinik kam.

Allein schon die wenigen Sätze der ersten Stunde arbeiteten in mir und gaben mir ausreichend Stoff zum Nachdenken für die nächsten zwei Wochen. Ich machte mir Gedanken über mein *stabiles Umfeld*. Ich versuchte mir vorzustellen, wie es wäre, wenn ich keinen familiären Rückhalt und keinen Partner hätte: Nein, dann wäre meine Lage wohl unerträglich.

Bei einer der nächsten Sitzungen tauchte der Begriff der posttraumatischen Belastungsstörung auf. So lautete meine Diagnose. Frau Precht erklärte mir mit verständlichen Worten und Beispielen, was darunter zu verstehen war. Insbesondere meine Albträume und die vielen Erinnerungsschübe belasteten meinen Zustand. Sie fand schnell heraus, wie stark ich mit meinen depressiven Stimmungen zu kämpfen hatte und dass ich oftmals keinen Ausweg mehr daraus sah.

Sie bat mich um Geduld, damit sie mich und meine Problematiken genauer kennenlernte. Der Therapieverlauf hänge von meiner Verfassung und meinen Fortschritten ab. Es gebe unterschiedliche Teilbereiche der Therapie, die aufeinander aufbauten und sich jeweils anders gestalteten. Zunächst müsse ich in der sogenannten Stabilisierungsphase gestärkt werden. Das erschien mir plausibel, war ich doch weit entfernt von jeglicher Stärke. Häufig kam ich mir vor wie ein Häuflein Elend, voller Trauer, Schuldgefühle, Selbstzweifel und Schwäche.

Diese erste Phase der Therapie, die Stärkung, nahm viele Wochen in Anspruch. Es war wirklich ein hartes Stück Arbeit, mir ein wenig Kraft zurückzugeben und meine eigenen Kräfte zu mobilisieren. Außerdem musste ich lernen, mich vor kräftezehrenden Gedanken und Situationen zu schützen. Erst wenn diese Phase abgeschlossen war, würden wir an den extrem belastenden Themen arbeiten können, gab meine Therapeutin mir zu verstehen.

Frau Precht begann mit Imaginationstechniken, die dazu dienten, mich zu stabilisieren und meine Selbstwirklichkeit zu verbessern. Dafür hatte sie Texte parat, aus denen sie mir regelmäßig vorlas. Ich hörte ihr mit geschlossenen Augen zu und versuchte auf die Inhalte zu reagieren. Mir gefiel ihre Stimme, und so hörte ihr gern zu. Sie las sehr langsam, und manche Sätze wiederholte sie sogar und machte lange Pausen. Auf diese Form der Therapie und ihre Stabilisierungsübungen konnte ich mich zügig einlassen. Noch heute kann ich mir einige dieser Sätze in Erinnerung rufen und höre dabei ihre Stimme. Besonders hilfreich war es für mich zu lernen, wie ich mit den quälenden Erinnerungen umging, wenn sie mich zu überschwemmen drohten. Dazu hatte sie eine ganz besondere Übung parat:

*Stellen Sie sich bitte einen Aufbewahrungsort für unange-
nehme oder gefährliche Erinnerungen, Bilder oder Empfindungen vor. Das kann ein Behältnis verschiedenster Art
sein, ein Tresor, ein Safe, eine Kiste, eine Truhe oder eine
Kammer, vielleicht sogar ein magisches Verlies, zu dem
nur Sie den Zugang haben.*

*Lassen Sie sich Zeit, einen solchen fest verschließbaren
und nur von Ihnen selbst zu öffnenden Aufbewahrungsort
zu finden und sich genau vorzustellen.*

*Machen Sie sich ein Bild von dem Öffnungs- und Ver-
schlussmechanismus, dessen Technik nur Sie allein kennen. Es kann ein Schlüssel sein, eine Zahlenkombination,
ein Stellrad oder eine magische Formel.*

*Wenn Sie eine genaue Vorstellung von diesem Aufbe-
wahrungsort und seiner sicheren Verschließbarkeit haben,
erproben Sie einige Male das Schließen und Öffnen.*

*Experimentieren Sie zuerst mit einem positiven Bild und
dann mit einem unangenehmen Bild, das Sie in den Tresor
sicher einschließen.*

*Vereinbaren Sie jetzt mit sich selbst zusätzlich ein kör-
perlich gut spürbares Zeichen, wie das Anspannen be-
stimmter Muskeln, eine Faust, ein Händedruck oder das
Anspannen der Fußmuskulatur, das Sie immer benutzen
können, um sich daran zu erinnern, wie sich etwas in den
Tresor einschließen lässt.*

*Führen Sie jetzt das Zeichen aus, damit sich Ihr Körper
zukünftig daran erinnert, wie es sich anfühlt, wenn für Sie
unangenehme oder gefährliche Erinnerungen sicher verschlossen sind.*

*Spüren Sie, wie gut es Ihnen tut, Ruhe und Sicherheit
davor zu haben.*

*Kommen Sie jetzt bitte mit Ihrer ganzen Aufmerksam-
keit nach und nach wieder zurück in mein Behandlungszimmer.*

Während meiner Therapiestunden machte Frau Precht mich mit verschiedenen Imaginationsübungen vertraut, die allesamt verständliche Namen trugen und mich in meinem traumatisierten Zustand auch erreichten. Eine dieser Übungen nannte sich *Gepäck ablegen*, eine andere hieß *Frieden schließen mit sich selbst*. Der *sichere innere Ort* und *der Tresor* waren ausgesprochen hilfreich für mich. Sie wurden zu meinen Lieblingsübungen, auf die ich gern zurückgriff, wenn ich Sicherheit brauchte.

Immer stärker befasste ich mich mit dem Thema Depression, denn meine posttraumatische Belastungsstörung zeigte sich auch in einem *depressiv getönten Stimmungsbild,* wie meine Therapeutin es ausdrückte. Als ich alles gelesen hatte, was ich über das Thema Depression finden konnte, und es mit meinen Erfahrungen abzugleichen versuchte, begann ich immer mehr Fragen zu stellen. Von meiner Therapeutin erhoffte ich mir nicht nur Erklärungen zu meinen eigenen depressiven Stimmungsbildern, sondern insbesondere auch zu all jenem, was mir unverständlich geblieben war und was ich nur schwer auf Cay und sein Verhalten übertragen konnte. Ich wollte endlich wissen, was mit ihm los war und weshalb ich von seiner depressiven Erkrankung nichts gemerkt hatte. Doch manche Fragen mussten noch warten, denn in erster Linie ging es um meine Therapie und um meine Probleme.

Frau Precht arbeitete behutsam und in einer Form, die ich nachvollziehen konnte. Sie erklärte mir jeden einzelnen Schritt und jede Phase der Therapie, doch seltsamerweise erinnerte ich mich nach den Sitzungen meist nur an die Atmosphäre und vergaß bestimmte Abläufe sofort wieder. Es fiel mir schwer, im Nachhinein zu erzählen, was genau wir gemacht hatten. Aber ich wusste, dass mich jedes Gespräch und jede Übung erleichterten.

Ganz allmählich schloss sich der ersten Phase der Stabilisierung die Phase der sogenannten Traumaexposition an. Erst dabei konnten wir an dem schwierigsten Thema arbeiten: dem Tod meiner Tochter.

Meine Therapeutin nahm sich Schritt für Schritt meiner belastenden Erinnerungen an. Manche Therapiestunden erschienen mir wie Übungen und Gespräche in einem isolierten Raum. Nichts drang nach außen, ich vergaß manchmal den Inhalt der Sitzung, aber ich spürte die positive Wirkung. Selbst wenn ich hinterher versuchte, unsere Gespräche und ihre Techniken wiederzugeben, hatte ich den Ablauf oft vergessen und konnte es nicht, sosehr ich mich auch konzentrierte. Aber eines wusste ich genau: Meine Therapeutin gab mir Kraft und Mut, und sie befreite mich von unerträglichen Lasten.

Als sie die sogenannte EMDR-Methode anwendete, war ich zunächst überrascht von der Vorgehensweise. Die Abkürzung EMDR steht für das englische *Eye Movement Desensitization and Reprocessing.*

»Es handelt sich um eine Augenbewegungstherapie, aber es geht dabei nicht um Hypnose. Sie bleiben die ganze Zeit bei klarem Bewusstsein. Das ist sogar entscheidend für die Wirkung dieser Methode«, erklärte sie mir.

Frau Precht setzte sich mir gegenüber und forderte mich auf, mir eine belastende Erinnerung ins Gedächtnis zu rufen. Sofort tauchte bei mir der Moment auf, als die Polizei die Nachricht vom Tod meiner Tochter überbrachte. Mein Puls schnellte in die Höhe, und ich fühlte mein Herz pochen.

Was ich allzu oft selbst erfahren hatte, trat auch nun augenblicklich ein: Die Erinnerung an traumatische Momente ist eng gekoppelt an negative Gefühle und körperliche Reaktionen.

Sie bat mich, auf ihre Handbewegungen zu schauen, während ich weiterhin an den traumatischen Moment dachte. Dann führte sie ihre Hand in einer Armlänge Abstand auf Höhe meiner Augen hin und her. Als würden sie dem Pendel einer Standuhr folgen, bewegten sich meine Augen in steter Folge von einer Seite zur anderen.

Eines der Ziele der EMDR-Methode bestand darin, die Koppelung von Erinnerungen und negativen Gefühlen aufzubrechen. Doch das erfuhr ich erst viel später. Ich konnte mich auch ohne theoretische Erklärungen auf diese Methode einlassen. Trotzdem war ich inzwischen so therapieerfahren, dass ich mit dem Begriff *Auslöserreize* sofort etwas verbinden konnte. In meinem Leben gab es viele solcher Auslöserreize für die Erinnerung an traumatische Momente. Sobald ich auf einen dieser Reize stieß, spürte ich Angst, und mein Puls schnellte nach oben. Es konnte eine Mutter sein, die nach ihrer Tochter Sarah rief. Oder der Anblick einer Badewanne oder das Weinen eines kleinen Mädchens.

»Mit dieser Methode sind Erinnerungen veränderbar«, erklärte mir Frau Precht nach der ersten Sitzung. »Dafür müssen wir sie gezielt aktivieren, auch wenn dies schmerzhaft ist. Sobald wir Ihre belastenden Erinnerungen in einen wachen Zustand gebracht haben, wenden wir die Augenbewegungstherapie an. Es wird immer der gleiche Ablauf sein: zuerst die Erinnerung wachrufen, und im nächsten Schritt folgt das Einleiten der Augenbewegung, indem Sie mit Ihrem Blick dem langsamen Pendeln meiner Hand folgen.«

Bereits nach der ersten Sitzung hatte ich den Eindruck, dass sich etwas in mir veränderte. Zu Hause erinnerte ich mich erneut an das belastende Ereignis, was ich sonst tunlichst vermied, aber dieses Mal schmerzte es tatsächlich weniger stark, und ich blieb innerlich ruhiger.

Nach weiteren Sitzungen erschien mir die Methode wie Zauberei.

» Wenn der Körper sich beim Erinnern entspannt, so wie wir es mit den Augenbewegungen auslösen, reagiert auch das Gehirn mit Entspannung und bewertet die Erinnerung neu. Die Angst verschwindet. Darum geht es im Grunde: um eine Neubewertung der Belastung durch das Gehirn. «

» Wie kommt das? «, fragte ich fasziniert.

» Neueste Studien haben gezeigt, dass die Herzfrequenz während der Anwendung der Methode deutlich sinkt, obwohl der Patient an traumatische Erlebnisse denkt. Die Augenbewegungen wirken beruhigend. Die Entspannung überwiegt schließlich den traumatischen Stress. «

» Wie lange wird es dauern, bis ich meine Erinnerungen positiv überlagert habe? «, wollte ich wissen.

» Manchmal genügen einen Handvoll Sitzungen. Wichtig ist jedoch die vorherige Stabilisierung. Damit haben wir uns in den letzten Monaten ausgiebig beschäftigt, Frau B. Inzwischen sind Sie in der Lage, sich kurzzeitig bewusst den Erinnerungen auszusetzen. Nun können wir mit der Methode weiterarbeiten. Diese Behandlungsform des Wiedererinnerns von Traumainhalten kann natürlich zu Belastungen im seelischen und körperlichen Bereich führen, aber Sie sind inzwischen stabil genug dafür. Ich verspreche mir eine schnelle Besserung für Sie. «

Ich war begeistert von der Wirkung meiner ersten Sitzung mit der EMDR-Methode und forschte im Internet nach Hintergründen. Die Anwendung war in Deutschland relativ neu und erst seit Kurzem als wissenschaftliche Methode zur Behandlung der posttraumatischen Belastungsstörung anerkannt. EMDR bedeutet übersetzt nichts anderes als *Augenbewegung* zur *Desensibilisierung*, also zum *Unempfindlichmachen* mit dem Ziel einer *Aufarbeitung des Traumas.*

Eine der körperlichen Auswirkungen von Sarahs gewaltsamem Tod war der ständig wiederkehrende Kloß in meinem Hals, und auch der Wackerstein in meinem Bauch bereitete mir Probleme. Der Kloß schmerzte und schien ein Knoten voller Probleme zu sein. Frau Precht brachte mich dazu, dieses unangenehme Gefühl abzuschwächen und in gewisser Weise umzuleiten. Ich lernte bestimmte Gedanken und unangenehme Gefühle *wegzuleiten* oder *wegzudenken*. Es waren Techniken, die mir halfen, mit der schmerzlichen Vergangenheit umzugehen und mich gleichzeitig für die Zukunft zu wappnen.

Während ich mich immer stärker auf meine Therapie einließ, musste ich mich gleichzeitig damit abfinden, viele Aspekte von Cays Verhalten nicht begreifen zu können und im Dunklen zu belassen.

Auch mein Rechtsanwalt war bei dem Versuch gescheitert, etwas über Cays angebliche Behandlung seiner psychischen Störungen zu erfahren. Wir wussten nicht, bei welchen Ärzten er jemals in Behandlung gewesen und welche Diagnose gestellt worden war.

Die vielen offenen Fragen waren eine weitere Hürde beim Bewältigen meiner Schuldgefühle. Immer wieder sprach ich mit Frau Precht darüber. Hätte ich Sarahs Tod vermeiden können, wenn ich mich nicht von Cay getrennt hätte? Oder es ihm anders, schonender beigebracht hätte?

»Es hätte auch ein anderes Ereignis sein können, um Ihren damaligen Mann aus der Bahn zu werfen. Sie dürfen nicht denken, dass es allein Ihr Trennungswunsch war, der zu den Ereignissen geführt hat«, sagte sie zu mir.

»Welches Ereignis denn sonst?«, fragte ich. Dieses Thema war für mich zentral. Denn in den vergangenen Monaten hatte ich mich selbst immer wieder gegen alle Vernunft schuldig gesprochen. Hätte ich nicht, dann …

Sie versuchte es mir anhand einer Vier-Stützen-Theorie zu erklären. Depressive Menschen wie Cay müssen ihr angeschlagenes Gleichgewicht unbedingt erhalten, um nicht zu fallen. Ich könne mir einen Stuhl mit vier Beinen vorstellen, die in ihrer Gesamtheit einen festen Stand garantieren. Eines der Stuhlbeine symbolisiere beispielsweise seinen Beruf und den Arbeitsplatz, eines die Ehe, ein anderes unsere Tochter und wieder ein anderes seine finanzielle Lage. Auch die Gesundheit und der Sport hatten eine Rolle gespielt. Ein depressiver Mensch brauche diese Stützen, um sein Leben einigermaßen zu meistern. Wenn ein Bein abknickt, dann bricht der Stuhl zusammen. In diesem Fall war es mein Trennungswunsch, der das Gleichgewicht vollkommen zerstörte. Es hätte aber auch ein Problem in der Firma sein können, um das fragile Konstrukt zu zerstören, oder eine mögliche Zahlungsunfähigkeit und Cays Verschuldung. Bei seiner Art der Depression war er offenbar nicht in der Lage, die Schieflage und damit den Sturz abzufangen.

Ich suchte nach weiteren Erklärungen und fragte mich immer wieder, ob ich etwas hätte merken müssen. Und ob ich anders hätte handeln müssen. In Frau Precht fand ich einen Adressaten für meine Fragen. Viele ihrer Antworten brachten mich auf neue Gedanken und erleichterten mich. Und nicht nur mein Leben wurde durch die Therapie leichter, sondern insbesondere auch Roberts.

»Es tut so gut, dass du nun jemanden hast, mit dem du über deine Probleme sprechen kannst und bei dem du dein Herz ausschüttest. Ich freue mich so für dich«, sagte Robert eines Abends, als ich von der Therapiestunde nach Hause kam.

»Ich freue mich auch. Meine größte Stütze bist du, aber bei Frau Precht bekomme ich Antworten auf so viele Fragen, und sie gibt mir Lebenshilfe.«

»Du weinst viel seltener.«

»Ja, das ist gut so. Lachen ist ohnehin viel gesünder, aber man kann es nicht erzwingen. Es ist so spannend, was sie mir alles zeigt, damit ich Kraft schöpfen und Ängste abbauen kann.«

»Sie scheint die richtige Methode zu kennen. Ich kann dir ohnehin nur immer wieder das Gleiche sagen: *Schau nach vorn!* Wie gut, dass jetzt jemand da ist, der mit dir irgendwann auch zurückschauen kann, ohne dich damit zu verletzen. Du bist in letzter Zeit viel entspannter.«

»Ja, das merke ich auch. Ich kann einen Teil meiner Belastungen in der Therapie abladen, aber mit dem Zurückschauen ist es noch nicht so einfach. Leider kann ich dir nicht ganz genau erklären, wie ihre Methode funktioniert, weil ich den Ablauf nicht vollständig erinnern kann, aber ich weiß, wie gut es mir tut.«

»Klingt alles sehr spannend.«

»Ist es auch. Ich bin so froh darüber, in der Klinik gelandet zu sein. Das hätte ich viel früher machen sollen.«

»Wer wird denn da gleich ungeduldig?«, neckte er mich.

Ich musste lachen. Gab ein besseres Zeichen meiner Fortschritte als meine Ungeduld?

Zur gleichen Zeit zogen Robert und ich in eine Wohnung. Wir wollten den Alltag zu zweit erleben, gemeinsam aufwachen und gemeinsam einschlafen. Das gegenseitige Besuchen reichte uns nicht mehr. Wir gehörten zusammen und wollten ein Zuhause teilen. Mit meinem neu gewonnenen Mut und meiner erwachenden Kraft fühlte ich in manchen Momenten, wie das Glück in mein Leben zurückkehrte. Die Gespräche zwischen Robert und mir drehten sich nun zunehmend um Alltägliches und nicht mehr nur um Tragisches und Trauriges. Stundenlang konnten wir über unsere Wohnungseinrichtung sprechen, blätterten in Möbelkatalogen und besprachen kleinere Anschaffungen. Welcher Schrank passt ins Schlafzimmer? Wie hoch ist die Decke? Wo befindet sich das Fenster, und wie kann das Bad hübscher werden?

Das gemeinsame Planen machte mir Spaß, denn dabei konnte ich andere Themen vergessen. Und wenn sich doch die belastenden Erinnerungen aufdrängten, dann versuchte ich sie im *Tresor* zu verschließen. Diese Methode beherrschte ich immer besser, und es erleichterte mein Leben, dass ich eine Technik parat hatte, die mich einen Teil meiner Gedanken kontrollieren und in spezielle Bahnen lenken ließ. Zuvor war es umgekehrt gewesen: Meine Gedanken und schlimmen Erinnerungen hatten Macht über mich und konnten mich in einen dunklen Tunnel drängen, aus dem ich kaum mehr herausfand.

Und was das Schönste an den Veränderungen durch die Therapie war: Robert und ich konnten neuerdings sogar über unsere Zukunft sprechen.

»Hast du nicht mal wieder Lust auf Sport? Wie wäre es, wenn wir zusammen ins Fitnessstudio gehen?«, fragte er mich eines Abends.

»Warum eigentlich nicht?«

»Dann also im neuen Jahr!«

»Abgemacht!«

»Und was hältst du davon, wenn wir mal wieder essen gehen? Lass uns doch morgen nach Hamburg fahren. Dort kenne ich ein tolles mexikanisches Restaurant. Ich möchte dich einladen.«

»In Hamburg?«

»Warum nicht?«

Gesagt, getan. Am nächsten Abend saßen wir im Wagen und fuhren nach Hamburg. Wir fanden einen Fensterplatz beim Mexikaner und ließen es uns schmecken. Ich konnte lachen und für einige Stunden ein verliebtes Mädchen ohne Sorgen sein. Niemand sah uns an, was wir in der jüngsten Vergangenheit erlebt hatten. Wir waren ein ganz normales Paar in den Zwanzigern.

Robert und ich kannten uns nun seit über sieben Jahren. Wenn ich mir vorstellte, was in dieser Zeit alles passiert war, dann kam ich mir manchmal viel älter vor. Gleichzeitig fühlte ich mich jung und verliebt wie damals, als Robert noch zur Schule ging und ich im ersten Lehrjahr war. Manchmal versuchte ich gedanklich an diese Zeit anzuknüpfen und die Jahre dazwischen zu verdrängen. Aber das klappte meistens nicht, denn auf keinen Fall wollte ich die Erinnerungen an meinen Engel verdrängen. Manchmal hörten Robert und ich, wie unsere Familien über uns sprachen. *Ihr wart schon immer füreinander bestimmt.*

Neue Normalität

Die Weihnachtstage verbrachten wir abwechselnd bei unseren Eltern. Mithilfe meiner Therapeutin hatte ich ausreichend Übung darin, meine schlechten Erinnerungen in den Tresor zu sperren, wenn es notwendig war. Insbesondere an solchen erinnerungsschweren Tagen war diese Technik hilfreich, um weder in Traurigkeit zu versinken noch den anderen das Fest zu vermiesen. Nach und nach gelang es mir immer besser, das *Verschließen in den Tresor* anzuwenden und die schönen Stunden einfach nur zu genießen, ohne in ein tiefes Tal zu fallen. Der Abgrund war in eine Ferne gerückt, die ich kontrollieren konnte. Ich ging nicht einmal nah an die Kante heran, ich gab den schlechten Erinnerungen keinen Raum, sie durften keine Macht über mich gewinnen: Ich kontrollierte, ich sperrte ein, ich hatte den Schlüssel, ich hatte die Macht. Es kostete mich Kraft, aber die gab ich, denn ich wusste, wie viel mehr Kraft das Herauskommen aus dem tiefen Tal kostete.

Robert und ich gingen am späten Nachmittag des 24. Dezember zunächst in die Christvesper und lauschten der Weihnachtserzählung von der Geburt Jesu. Dabei saßen wir eng nebeneinander, hielten uns an den Händen und genossen die Stimmung. Kaum hatte der Pastor jedoch zur Predigt angesetzt, gingen mir seine Worte direkt ins Herz. *Manche von uns haben einen geliebten Menschen verloren.* Sofort schossen mir Tränen in die Augen. Ich weinte und weinte und ließ es geschehen. Es fühlte sich an, als wären hier der richtige Ort und der richtige Moment für meine Tränen.

Als wir nach dem Gottesdienst meine Eltern besuchten, wo meine gesamte Familie versammelt war, konnte ich schon wieder lachen. Auch wenn Sarah mir an diesem Tag unendlich fehlte, wollte ich ein schönes und fröhliches Fest feiern. Seit ihrem Tod waren anderthalb Jahre vergangen. Ich stellte mir vor, wie sie mit ihren Cousins und Cousinen auf den Weihnachtsmann wartete, dann unterm Christbaum nach Geschenken suchte und ihre Augen um die Wette leuchteten. Im neuen Jahr wäre sie vier Jahre alt geworden, schon ein großes Mädchen. Die Kinder waren aufgeregt und fröhlich, und ich machte meine Scherze mit ihnen. Sie sollten ihre Tante als einen lebensfrohen Menschen erleben, denn das Leben konnte doch so schön sein. Auf keinen Fall wollte ich durch Trübsinn das Fest vermiesen. Im Gegenteil, ich konnte die schöne Stimmung sogar genießen.

Meine Mutter schien während der Weihnachtstage immer wieder mit den Tränen zu kämpfen. Sie schluckte sie hinunter, wandte sich ab und kam wenig später zurück in den Kreis der Familie. Ich bildete mir ein zu wissen, was sie dachte. *Er hat alles kaputt gemacht.*

Am nächsten Tag feierten wir mit Roberts Eltern ein ebenso herzliches und besinnliches Fest, an dem auch Basti teilnahm. In letzter Zeit sah ich ihn nur noch selten, und so freute ich mich, ihn wiederzutreffen. Hier hatte Basti seine

Ersatzfamilie gefunden, und auch ich fühlte mich längst wie ein Mitglied dieser Familie. Es war ein schönes Weihnachten, und ich konnte mir vorstellen, noch viele schöne Feste zu feiern: ohne Wenn und Aber. Das Beisammensein mit den Liebsten war mir wertvoller denn je. Ich war dankbar für solche Momente und konnte sie wirklich genießen. Was ich niemals für möglich gehalten hatte, war eingetreten: Das Leben hatte seine schönen Seiten zurückbekommen.

Wenn ich mich alle vierzehn Tage ins Auto setzte und zur Therapiestunde in die Klinik fuhr, drehte ich während der Fahrt den CD-Player auf und hörte Musik. In letzter Zeit hatte es mir ein Lied der *Ärzte* besonders angetan, und ich sang manche Strophen mit:

Jetzt wirst du natürlich mit Verachtung bestraft
Bist eine Schande für die ganze Nachbarschaft
Du weißt noch nicht einmal genau wie sie heißen
Während sie sich über dich schon ihre Mäuler
    zerreißen

Lass die Leute reden und hör ihnen nicht zu
Die meisten Leute haben ja nichts Besseres zu tun
Lass die Leute reden bei Tag und auch bei Nacht
Lass die Leute reden, das hab'n die immer schon
    gemacht.

Während ich sang, hatte ich Bilder vor Augen, die zu meinem Leben passten. Manchmal bekam ich Herzklopfen, weil ich wusste, dass auch über mich *schlecht geredet* wurde. Die Stadt war klein und überschaubar. Vielen Begegnungen konnte ich auf Dauer nicht ausweichen. Und vor manchen hatte ich regelrecht Angst. Beim Gedanken an Cays Mutter verkrampfte sich mein Magen jedes Mal. Ich fürchtete mich davor, ihr zufällig auf der Straße zu begegnen und ihr nicht gewachsen zu sein. Bisher war dies noch nicht geschehen, aber das war wohl nur eine Frage der Zeit. Irgendwann lief man sich zwangsläufig über den Weg. Das Lied gab mir Mut. Wenn ich es hörte, ging es mir besser.

Beim Zuhören versank ich in Gedanken und malte mir aus, was ich wohl in der kommenden Sitzung mit meiner Therapeutin besprechen würde. Manchmal bereitete ich während der Autofahrt Fragen vor oder dachte an das letzte Gespräch mit Frau Precht. Ich fuhr gern zu ihr. Und das seltsame Gefühl beim Anblick der Psychiatriepatienten des Krankenhauses war längst verflogen.

»Frau B., was beschäftigt Sie heute?«, fragte meine Therapeutin mich meist zu Beginn der Sitzung, wenn ich ihr gegenüber Platz genommen hatte.

»Meine frühere Schwiegermutter«, sagte ich und spürte im nächsten Moment eine Mischung aus Wut, Verzweiflung und Traurigkeit in mir aufsteigen. Wie gern würde ich dieses Thema abschließen und endlich vergessen können. Wenn ich an sie erinnert wurde oder jemand von ihr gesprochen hatte, konnte es Tage dauern, bis ich mich beruhigt hatte.

Meine Angst ging so weit, dass ich mich manchmal kaum traute, in die Stadt zu gehen, weil ich befürchtete, dieser Frau dort zu begegnen.

Hört es denn nie auf?, fragte ich mich dann. Manchmal raubten mir diese Gedanken den Schlaf und die dringend benötigte Ruhe, um wieder ein gesunder Mensch zu werden.

Meine Therapeutin maß dem Thema einen hohen Stellenwert zu. Sie versuchte mich innerlich auf eine Begegnung mit Cays Eltern vorzubereiten. Wir lebten nicht weit voneinander entfernt. Es war jederzeit möglich, dass sie mir über den Weg liefen. Vor einem Treffen mit Johnny hatte ich kaum Bedenken, aber bei einer Begegnung mit Cays Mutter würden alle Erinnerungen an die Oberfläche gespült. So schnell konnte ich sicher nicht zum Hilfsmittel *Tresor* greifen, um mit den traumatischen Erinnerungen fertig zu werden. Erneut wurde mir klar, wie labil ich war. Doch ich wollte nicht aufgeben, sondern wollte in naher Zukunft auch darauf vorbereitet sein. Seltsamerweise konnte ich mir Hannah kaum als trauernde Mutter vorstellen. Ihr Verhalten, ihr Denken und ihr Fühlen waren mir stets fremd geblieben.

Einerseits war ich froh, was ich in der Therapie schon erreicht hatte. Nun erkannte ich, dass es wirklich noch zahlreiche Themen mit Frau Precht zu bearbeiten gab. Noch war ich weit davon entfernt, als gestärkte Frau mit den Widrigkeiten des Lebens umgehen zu können. Ob es jemals so weit kommen würde, bezweifelte ich regelmäßig. Eines hatte Hannah mir mit ihren Briefen gezeigt: Meine Schuldgefühle, meine Wut, meine Ängste und meine Trauer nahmen in meinem Denken, Handeln und Fühlen noch immer weit mehr Raum ein als Hoffnung und Zukunftsglaube.

Auf der Rückfahrt von meinen Therapiestunden fühlte ich mich meistens wie aufgetankt und war voller Energie. In letzter Zeit legte ich gern eine CD von *Unheilig* in den Player ein. Mein neuestes Lieblingslied hieß *Geboren, um zu leben,* und es sprach mir aus der Seele.

Es tut noch weh, wieder neuen Platz zu schaffen
Mit gutem Gefühl etwas Neues zuzulassen
In diesem Augenblick bist du mir wieder nah
Wie an jedem so geliebten vergangenen Tag
Es ist mein Wunsch, wieder Träume zu erlauben
Ohne Reue nach vorn in eine Zukunft zu schauen
Ich sehe einen Sinn, seitdem du nicht mehr bist
Denn du hast mir gezeigt, wie wertvoll mein Leben
ist

Wir waren geboren, um zu leben mit den Wundern
jeder Zeit
Sich niemals zu vergessen bis in alle Ewigkeit.
Wir waren geboren, um zu leben
Für den einen Augenblick, weil jeder von uns spürte,
wie *WERTVOLL* Leben ist.

Befreit und entspannt stieg ich aus dem Auto und freute mich auf einen Abend mit Robert. Die Therapie tat mir unendlich gut, und ich konnte mir kaum noch vorstellen, wie ich ohne diese helfenden Gespräche hätte (über-)leben können. Frau Precht gab mir Halt und Energie.

Liebe und Begreifen

Anfang des Jahres fand Robert einen neuen Job. Er bekam einen festen Arbeitsvertrag und hatte ein gesichertes Einkommen. Nun war er mitten im Berufsleben angekommen. Immer häufiger sprachen wir über unsere Zukunft und stellten uns vor, was aus unserer Liebe werden könnte.

Am 14. Februar war ich, wie an jedem normalen Arbeitstag, in der Praxis und schaute kurz vor Feierabend in mein Postfach, um die eingegangenen Mails zu lesen. Im ersten Moment erschrak ich, als ich Roberts Absender sah, denn wir schickten uns nur selten E-Mails. Schließlich sahen wir uns doch jeden Tag. Aber dann entdeckte ich seine Grüße zum Valentinstag und las seine Zeilen:

Ich muss dir etwas ganz Wichtiges sagen: Es wäre so schön, wenn wir beide eine Familie gründeten.

Mein Herz pochte, und Wärme schoss mir in die Wangen. Dieser Mann schaffte es immer wieder, mich zu überraschen und zu beglücken. An diesem Tag konnte ich es kaum erwarten, nach Hause zu fahren und dort auf ihn zu warten. Ich deckte den Tisch, bereitete das Abendbrot vor und schaute ständig auf die Uhr. Um spätestens 20 Uhr kam er von der Arbeit, wenn er nicht gerade seinen Zug verpasst hatte. Als ich ihn an der Tür hörte, ordnete ich mein Haar und begrüßte ihn mit einem Lächeln.

»Robert, was hast du mir denn da geschrieben?«

»Ich hätte so gern Kinder mit dir.«

»Nichts lieber als das.«

Als ich schwanger wurde, konnten wir unser Glück kaum fassen. Der berechnete Geburtstermin war Ende Dezember. Vielleicht würde es ein Christkind werden. Ich wartete eine Weile, bis ich es meiner Familie sagte. Alle freuten sich mit uns.

Und als ich es Frau Precht erzählte, beglückwünschte meine Therapeutin mich zu dieser Neuigkeit. Inzwischen waren wir fast ein Dreivierteljahr im Gespräch miteinander und trafen uns dabei mindestens alle vierzehn Tage zu einer zweistündigen Therapiesitzung. Nicht nur Robert, sondern meine gesamte Familie spürte die Fortschritte, die ich in dieser Zeit gemacht hatte. Allmählich wurde ich wieder zu der Katja, die sie kannten, jedoch mit einigen neuen Facetten.

Wir hatten uns nach der Phase der *Stabilisierung* in letzter Zeit nun auf das gezielte *Zurückschauen* zu den schmerzlichen Erinnerungen konzentriert. In der Vergangenheitsbearbeitung konnte ich mithilfe von Frau Precht die beiden belastenden Themen *Tod meiner Tochter* und *Begegnung mit der Familie von Cay* aus therapeutischer Sicht weitgehend abschließen. Nun begannen wir, uns der Gegenwart und den Zukunftsprojektionen zu nähern. Im Stillen nannte ich diese Phase das *normale Weiterleben*.

Meine Fragen nach den verschiedenen Formen von Depressionen nahmen ebenfalls einen gewissen Raum ein, weil ich nach wie vor nach Erklärungen für Cays Verhalten suchte. Ich wollte endlich begreifen, wie es zu seiner

Tat hatte kommen können, denn nach wie vor quälten mich die Schuldgefühle. Seine Tat war so unfassbar gewesen. Hätte ich das Schlimmste verhindern können, wenn er doch nicht in der Lage dazu gewesen war und ich es rechtzeitig erkannt hätte? Hatte mein Verhalten die Katastrophe ausgelöst? War mein Trennungswunsch das i-Tüpfelchen gewesen? Knickte mein Verhalten ein Stuhlbein ab und brachte die Konstruktion zum Einsturz?

Von Frau Precht erhoffte ich mir Antworten auf meine unzähligen Fragen. Mir wollte partout nicht einleuchten, wie ein Mann wie Cay, der gern im Mittelpunkt stand und meist so lebenslustig wirkte, gleichzeitig depressiv sein konnte. Dabei kam es mir so vor, als suchte ich nach Erklärungen für etwas Unerklärliches. Manchmal dachte ich an Petras Worte: *Cay war in Behandlung.*

Warum hatte er mir nichts davon gesagt? Und warum war ich offenbar nicht die Einzige, die *nichts* gemerkt hatte? Erst vor dem Hintergrund einer sogenannten *Manischen Depression* machten viele seiner Verhaltensweisen einen Sinn. Demnach waren seine Stimmungsschwankungen passende Symptome für diese Form der Erkrankung. Inzwischen sprach man bei einem derartigen Krankheitsbild von einer *bipolaren Störung,* die sich bei den Betroffenen durch extreme Unterschiede im Antrieb zeigte. Dieser reichte von Hyperaktivität und Überschwang zu Müdigkeit und Schwermut. Bei Cay wechselten diese Phasen oft unwillkürlich, was eine eher seltene Form der bipolaren Störung kennzeichnete. *Wenn ich doch nur etwas geahnt hätte!*

Seine Geldverschwendung passte ebenfalls in die Symptomatik. *Wenn ich doch nur etwas von den Krediten gewusst hätte!*

Selbst Cays gelegentliche aggressive Ausbrüche mochten Symptome seiner bipolaren Störung gewesen sein. Und sogar seine Gewichtsschwankungen: alles typische Anzeichen!

Angeblich wird die Krankheit auch von Medizinern oftmals erst Jahre nach dem Ausbruch erkannt. Bei allen Patienten besteht ein erhöhtes Selbstmordrisiko. *Warum hat er nie etwas gesagt?* Unter medizinischer Kontrolle können die schlimmsten Auswirkungen mittlerweile unter Kontrolle gehalten werden. Vielleicht hatte Cay sogar Medikamente genommen. Ich hatte von nichts gewusst.

Es gab auch Zeiten, in denen ich mich nicht noch intensiver mit diesem Thema beschäftigen wollte, weil ich einfach nur froh war, das Schlimmste überstanden zu haben. Mein Blick war immer häufiger auf die Gegenwart und die Zukunft gerichtet. Ich würde wieder Mutter werden! Dieser Gedanke erfüllte mich mit größter Freude. Ich hatte einen wunderbaren Mann an meiner Seite, eine tolle Familie in der Nähe und Freunde, denen ich vertraute. Manchmal drängte ich die Erinnerungen an das Vergangene beiseite.

Trotz aller Belastungen durch das Thema Depression und meine eigene Vergangenheit – oder gerade deswegen – beobachtete ich das Verhalten meiner Mitmenschen und machte mir Gedanken über ihre Empfindungen und Stimmungen. Ging es ihnen gut? Quälte sie etwas? Hatten sie womöglich mit Schwermut zu kämpfen? Welche Hilfe war nötig? Wer hatte möglicherweise ein Problem zu bewältigen und wollte darüber sprechen?

Neulich im Supermarkt saß die sonst immer so fröhliche Kassiererin in sich zusammengesunken auf ihrem Stuhl. Sie wirkte abgespannt und vielleicht sogar traurig. Ich gab mir einen Ruck und sprach sie darauf an.

»Mein Kreislauf ist im Keller«, antwortete sie mir. Am liebsten würde sie nach Hause gehen, aber sie traue sich nicht. Ich schlug Kaffee oder Cola vor, um sie ein wenig in Schwung zu bringen.

»Sie sollten Ihrem Chef Bescheid sagen, wenn Sie nicht mehr können.«

»Vielen Dank.«

Am Abend fand ich ein Gedicht von Ursela Seitz, das mir aus der Seele sprach.

Mancher hört sich selbst gerne reden,
egal, was immer er uns auch erzählt;
denkt sich, sein Thema ist für jeden,
schließlich hat er es ja ausgewählt.

Zuhören können ist nicht immer leicht,
egal, welche Person zu einem spricht.
Denn was manchmal das Ohr erreicht,
interessiert in Wirklichkeit uns nicht.

Für den Redner ist es von Wichtigkeit,
dass man zuhört, versucht zu verstehen.
Kostet es uns auch ein wenig Zeit,
Aufmerksamkeit, statt weiterzugehen.

Manchmal machte ich mir auch Sorgen um Basti, der bis vor Kurzem mit Robert zusammengewohnt hatte. Die beiden Freunde waren über viele Jahre unzertrennlich gewesen und hatten sich in den letzten Jahren, bevor Robert und ich wieder zusammenkamen, sogar eine Wohnung geteilt. Sie hatten gemeinsame Hobbys, ihren Sport und ihren gemeinsamen Freundeskreis. Manchmal wirkte Basti weniger gelöst als früher. Vielleicht fehlte ihm der Freund, der nun seine eigene Familie gründete. Über alles und jeden machte ich mir Sorgen. Robert empfand es sogar als ein *Hineinsteigern* in die *möglichen* Probleme anderer.

Vielleicht hatte er recht, und ich steigerte mich hinein in etwas, das nicht einmal Probleme waren. Cay gegenüber war ich blind gewesen, und ich trug schwer daran, auch wenn er alles getan hatte, um seine Erkrankung vor mir zu verbergen. Wie anders wäre unser gemeinsames Leben verlaufen, wenn er mich eingeweiht hätte in seine Probleme. Doch es half nichts, darüber zu spekulieren. Ich wollte nur, dass so etwas nie wieder geschah. Niemand, den ich kannte, sollte so leiden müssen.

Eheglück

Als Robert eines Abends nach Hause kam, war er seltsam nervös. Er stand in seiner Bürokleidung in der Küche und ging nicht sofort an den Kleiderschrank, um sich umzuziehen, wie sonst immer. Er liebte es, im Hause legere Sachen zu tragen, und konnte normalerweise nicht schnell genug aus seinem Anzug kommen.

»Warum stehst du noch herum? Zieh dich doch um, mach's dir gemütlich.«

»Nein, nein, ich möchte heute gern so angezogen bleiben.«

»Was soll das denn? Nun schlüpf doch in deine Schlabberhose. Ist ja viel gemütlicher«, sagte ich und schob ihn halb aus der Küche hinaus.

»Also, ich wollte dich eigentlich etwas fragen.«

»Das kannst du auch in Schlabberhose.«

»Ich weiß nicht. Eigentlich wollte ich dich das schon in St. Peter-Ording fragen. Neulich, als wir in dieser grässlichen Ferienwohnung gelandet sind.«

»Und du dir den Fuß verknackst hast.«

»Ja, da ging einfach alles schief.«

Im nächsten Moment verschwand er im Schlafzimmer und kam nach einer Weile in Jogginghose und Kapuzenpulli zurück. Ich saß auf dem Sofa und wusste nicht, wie mir geschah, als er sich plötzlich vor mich hinkniete.

»Meine Liebste, möchtest du meine Frau werden?«

»Was? Ja! Ja, ich will!«

»Das freut mich sehr. Danke. Nun kannst du dir denken, warum ich meinen schicken Anzug anbehalten wollte. Schon an der Nordsee wollte ich dich fragen, ob du mich heiraten willst, aber da funkte immer etwas dazwischen. Aber es geht auch im Jogginganzug, wie man sieht.«

Ich lachte und fiel ihm um den Hals.

»Und wo wollen wir heiraten?«, fragte er mich.

»Wo du willst.«

»Wo *du* willst.«

Ende September heirateten wir standesamtlich und feierten im kleinen Familienkreis. Endlich wurde ich meinen ungeliebten Familiennamen los, den ich noch von Cay hatte. Dieser Name war eine Last gewesen, insbesondere wenn ich denselben Namen auf den Briefköpfen sah, die der Rechtsanwalt von Hannah an mich weiterleitete. Aus Kostengründen hatte ich ihn behalten und war überglücklich, dass diese Zeit nun vorbei war. Es fühlte sich großartig an, von nun an Roberts Familiennamen zu tragen, und kam einem Aufatmen gleich. Nie wieder wollte ich etwas mit Cays Namen zu tun haben. Er gehörte in eine andere Zeit und in ein anderes Leben.

Unter meinem Kleid wölbte sich am Tag unserer Hochzeit bereits ein enormer Babybauch. Immer wieder wurde ich gefragt, ob wir uns sicher seien, keine Zwillinge zu bekommen. Nach einer Schwangeren im sechsten Monat sah ich wirklich nicht aus. Ich konnte an nichts anderes denken als an die neue Familie, die Robert und ich gründeten. Bald würde es ein kleines Wesen geben, das meine Mutterliebe und Hilfe brauchte. Ich fühlte dieses Wesen schon in meinen Armen liegen und konnte die Zeit kaum erwarten. Mit Robert an der Seite war es ganz sicher wunderbar.

Robert und ich achteten auf unser beider Wohlbefinden, so gut es eben ging, und versuchten immer wieder, Zeit für uns allein zu finden. Alle paar Wochen fuhren wir nach Hamburg, um einen Abend fernab unserer Normalität zu verleben. Manchmal fuhren wir auch ans Meer und verbrachten einen Tag am Strand. Dabei war uns das Wetter egal. Selbst an stürmischen Herbsttagen machten wir Spaziergänge und genossen die Stunden für uns allein.

Die Zeit und das Leben liefen nun wieder im gewohnten schnellen Rhythmus. Anstatt mir die Decke über den Kopf zu ziehen und vor mich hinzugrübeln, auf die Uhr zu schauen, auf das Vergehen der Zeit zu warten und dabei das Leben mehr als Last denn als Lust zu empfinden, waren die Tage mir eher zu kurz als zu lang. Kurz vor Weihnachten hatte ich meine letzte Therapiesitzung. Vierzehn Monate nach dem ersten Gespräch mit meiner Therapeutin Frau Precht war ich hochschwanger und überglücklich.

Wir thematisierten meine bevorstehende Mutterschaft, und Frau Precht gab mir einige Hinweise, die ich beherzigen wollte. Vor allem aber bot sie mir an, die Therapie nach der Geburt meines Kindes fortzuführen, wenn ich es für notwendig hielte.

Sie gab mir den Rat, in meinem Baby, besonders wenn es eine Tochter würde, nicht meine Sarah zu sehen. Es sei ein ganz anderes, ein neues Leben, und so solle ich es auch empfangen.

Ich hatte mir selbst schon viele Gedanken darüber gemacht und konnte mir beim besten Willen nicht ausmalen, wie sich eine erneute Mutterschaft in Gedanken an Sarah wohl anfühlen würde.

Als ich mich von Frau Precht nach dem Ende meiner letzten Therapiestunde verabschiedete, konnte ich aus Überzeugung sagen: *Ich habe mein Trauma überwunden.*

Im neuen Jahr kam unsere Tochter Charlotte auf die Welt. Die Geburt war überwältigend. Mein Leben hätte kaum schöner sein können.

Unser Mädchen sah Sarah unglaublich ähnlich, aber ich versuchte, sie mit *neutralen* Augen anzuschauen. Sie war ein neues Wesen, ein ganz anderer Mensch, gezeugt von einem anderen Mann.

»Guck mal, Robert, unsere Kleine hat ein winziges Mal am Ohr, hier fehlt ein Stückchen, als hätte ein Mäuschen daran geknabbert. Ganz süß!«, sagte ich.

Robert war begeistert von seiner neuen Rolle als Vater. Er ließ sich alles von mir zeigen und scheute sich weder vor dem nächtlichen Aufstehen noch vorm Windelnwechseln. Genau wie ich schien er in unserer kleinen Familie alles gefunden zu haben, wonach er sich sehnte.

Charlotte erinnerte mich anfangs unentwegt an Sarah, und ich verglich die beiden unwillkürlich. Anders ging es einfach nicht. Die Vergleiche drängten sich förmlich auf, und ich sperrte mich nicht dagegen. Es schien mir natürlich, und solange es mich nicht deprimierte, sah ich keinen Grund, es nicht zu tun. Wie schlief Charlotte? War sie ruhiger oder unruhiger als ihre ältere Schwester? Einige Male nannte ich sie sogar *Sarah,* aber ohne dass ich Sarah in ihr sah. Sie war wirklich ein ganz anderes Mädchen. Diese Namensverwechslung verging recht bald, aber in den ersten Monaten nach Charlottes Geburt rief ich mir trotzdem häufig die Worte meiner Therapeutin in Erinnerung: Es war ein ganz anderes, ein neues Leben.

Trauung und Taufe

Am Morgen unserer kirchlichen Trauung war der Himmel bewölkt, und es regnete sogar ein wenig. Es war Ende Mai, das frische Laub der Bäume leuchtete, und der Geruch von Apfelblüten lag in der Luft. Wenige Minuten bevor wir in die Kirche traten, riss der Himmel auf und zeigte sich in strahlendem Blau. Sobald die Sonne hervortrat, steigerte die einsetzende Wärme mein Wohlgefühl. Ich schwebte förmlich dahin. Träumte ich? Beinah hätte ich Anja gebeten, mich zu kneifen, damit ich auch fühlte, dass dieser wunderbare Tag wahrhaftig war.

Es sah lustig aus, wie mein Bräutigam unsere kleine Charlotte im Kinderwagen vor uns herschob. Unsere Hochzeitsgäste saßen auf den engen Kirchenbänken und drehten ihre Köpfe herum. Wir hatten hundert Angehörige und Freunde eingeladen, die in ihrer festlichen Kleidung irgendwie anders aussahen als sonst. Aus den Augenwinkeln erkannte ich manch einen von ihnen kaum. Die Sonne tauchte das Innere des Gotteshauses in ein mildes Licht, ihre Strahlen leuchteten durch die bunten Scheiben.

Vor dem Altar erwartete uns der Pastor. Er war der Ehemann der Pastorin, die mich in der Trauerphase zweimal bei meinen Eltern besucht und mir Trost gespendet hatte.

Robert hob Charlotte aus dem Wagen und nahm sie auf den Arm. Er war so stolz auf seine Tochter.

Als der Pastor zu sprechen begann, brach unser Mäuschen in Tränen aus und weinte erstaunlich laut. Zunächst versuchten wir, sie mit einem Schnuller zur Ruhe zu bringen. Der Pastor stockte und lächelte, aber unsere Charlotte zeigte keinerlei Lust, sich zu beruhigen, und wurde sogar noch lauter. An eine Fortführung der Trauung war unter diesen Umständen nicht zu denken. Plötzlich stand mein Vater neben uns und nahm Robert die kleine Charlotte ab. Unsere Tochter war sofort ruhig, und die Hochzeitsgäste klatschten. Nun konnte unsere Trauung weitergehen.

Nachdem Robert und ich vom Pastor mit kirchlichem Segen zu Mann und Frau erklärt worden waren, küssten wir uns. Ich hätte vor Freude weinen können, aber es gab noch eine weitere Aufgabe zu erfüllen. Charlotte sollte getauft werden.

»Schnuckelpups, jetzt bist du dran«, sagte Robert und nahm unsere Kleine wieder auf den Arm. Charlotte erhielt denselben Taufspruch mit auf den Weg wie ich zu meiner Konfirmation und wie ihre Schwester Sarah zu ihrer Taufe.

Ich strahlte, als der Pastor die Worte sprach und die Stirn unseres kleinen Engels mit Wasser benetzte.

Und ob ich schon wanderte im finstern Tal, fürchte ich kein Unglück; denn du bist bei mir, dein Stecken und Stab trösten mich.

Am Nachmittag bekamen wir schönstes Sommerwetter. Unsere Hochzeitsfeier fand in einem Lokal an einem See statt. Die Kinder tobten auf der Wiese und am Ufer, während die Erwachsenen an Tafeln saßen und schlemmten. Anja hatte einen Animateur engagiert, der mit den Kleinen spielte.

Zwischendurch posierten Robert und ich für einen Fotografen. Ich war stolz darauf, mich vier Monate nach der Geburt beinahe wieder so rank und schlank zu zeigen wie einst. In meinem Traumkleid machte ich eine gute Figur. Mein Wunsch war in Erfüllung gegangen: Der Mann meines Lebens hatte mich vor den Traualtar geführt, ich war wieder Mutter und lebte im Kreis einer großen Familie. Beinahe war es zu viel des Glücks. Meine Tränen verwischten das Make-up. Endlich waren es Freudentränen.

Nach einem nachmittäglichen Kaffeetrinken eröffneten Robert und ich das Parkett mit einem Ehrentanz. Wie lange hatten wir nicht mehr gemeinsam getanzt? Es fühlte sich vertraut und zugleich fremd an. Zum Tanzen hatten wir in den letzten Jahren weder Zeit noch Muße gefunden. Ich stellte mir vor, für immer von seinen Armen gehalten zu werden und durchs Leben zu schwingen. Unsere Eltern gesellten sich zu uns, wenig später unsere Geschwister und dann alle, die noch Platz zum Tanzen fanden. Die Zeit verging wie im Flug, und als wir um Mitternacht die Hochzeitstorte anschnitten, konnte ich kaum glauben, dass wir uns vor mehr als zwölf Stunden das Jawort gegeben hatten.

Ich war voller Liebe.

Alle sprechen von Depression

Im November 2009 hörte ich im Radio die Nachricht vom Selbstmord Robert Enkes. Der Torwart des Bundesligaclubs Hannover 96 hatte sich vor einen Zug geworfen. Er litt an Depressionen, wie es hieß. Die Nachricht durchfuhr mich wie ein Schock. Erinnerungen kamen hoch, und ich versuchte meine Gedanken und Gefühle zu kontrollieren. Robert Enke: Fast jeder in unserer Region und weit darüber hinaus kannte ihn. Er war ein erfolgreicher Sportler, ein Nationaltorhüter, ein Mensch, der mitten im Leben stand, ein Familienvater und eine bekannte und gleichermaßen beliebte Persönlichkeit.

Plötzlich war das Thema Depression in aller Munde. Alle sprachen von Ahnungslosigkeit angesichts der traurigen Nachricht, und ich dachte an meine eigene damalige Ahnungslosigkeit. Erschreckende Statistiken tauchten auf. Angeblich litten in Deutschland über vier Millionen Menschen an Depressionen. Jeder Fünfte erkrankt im Laufe seines Lebens einmal an einer Depression, ein Viertel der Bevölkerung zeigt depressive Symptome, Tendenz steigend, hieß es.

Ich musste an die Hinterbliebenen von Robert Enke denken, seine Frau, Angehörigen, Freunde und Vertrauten.

Sie waren Betroffene seines Selbstmordes. Was mochte in ihnen vorgehen? Wenn ich an meine Schuldgefühle nach dem Tod meiner Tochter dachte, dann fielen mir die Worte meiner Therapeutin ein. Sie hatte mich gelehrt, mit diesen Gefühlen umzugehen.

Denken Sie niemals daran, Schuld an dem Selbstmord oder gar an dem erweiterten Selbstmord zu tragen. Ihr damaliger Mann war ein erwachsener Mensch. Er hat es so entschieden und entsprechend gehandelt. Sie haben vorab vernünftig mit ihm über Ihre Eheprobleme gesprochen. Mehr konnten Sie nicht tun! Sie konnten zu keinem Zeitpunkt wissen, was in seinem Kopf vorging, welche Taten er plante und wozu er imstande war.

Ich hatte am eigenen Leib erfahren, wie stark das Thema Depression mit Tabus belegt war. Doch als der beliebte Torwart sich das Leben nahm, wurde seine Krankheit sofort beim Namen genannt und allerorten Verständnis gezeigt. Zu spät für einen erfolgreichen Mann, der Angst um den Verlust seiner Anerkennung gehabt haben musste. Robert Enke litt unter Versagensängsten, teilte die Presse mit. Bei Cay gab es möglicherweise ähnliche Ängste. Er hatte als Ehemann und Vater versagt, und vielleicht hatte er auch geglaubt, in anderen Bereichen ein Versager zu sein. Ihm war es nie in den Sinn gekommen, mit mir oder seinen Kollegen offen über seine Krankheit zu sprechen. Einzig seine ehemalige Partnerin schien etwas gewusst zu haben. In der Firma wie auch in seinem Privatleben hatte er die Fassade des *tollen Cay* aufrechterhalten. Wie viel Mühe und Kraft musste ihn das gekostet haben? Wenn er unsere Sarah nicht mit in den Tod genommen hätte, dann wäre ich sogar zu Mitleid fähig.

Aber ich kenne auch die Seite derer, die von eigenen Depressionen betroffen sind, denn ich habe schließlich selbst darunter gelitten. In der Klinik war diese *Störung* mit Fachausdrücken konkretisiert worden, die mir anfangs nicht viel sagten: *Belastungsstörung mit Intrusionen, insbesondere bei Fokussierung auf die Problematik, deutlicher Affektlabilität mit Flashback-artigen Zuständen, depressiv getöntes Stimmungsbild, unwillkürliches Weinen sowie dissoziationsähnliche Zustände mit Grübelneigung.* Meine Störung zeigte sich in vielfältiger Weise, für die ich selbst keine anderen Namen fand als *Trauer und Tränen.* Es gab Phasen, in denen ich niemanden mit meinen Problemen belasten wollte, niemanden außer meinen engsten Vertrauten. Die Gespräche mit Robert und Anja haben mir immer über die schlimmste Schwermut hinweggeholfen, aber nicht jeder hat ein vertrauensvolles Umfeld, und nicht jeder ist in der Lage, über seine Gefühle zu sprechen. Mir wäre es nie in den Sinn gekommen, weitere Personen mit meinen Problemen zu belasten.

Meinen gleichaltrigen Freunden merkte ich ein gewisses Desinteresse oder auch Unkenntnis an. Sie fragten mich damals zwar nach meinem Befinden, aber eigentlich wollten sie keine tief gehende Antwort haben. Sie waren unsicher. Wie fragt man eine junge Mutter nach ihren Gefühlen, wenn sie gerade ihr Kind verloren hat? Was sagt man, wenn ein Kind vom eigenen Vater ermordet wurde? Einige meiner Mitmenschen waren schlichtweg überfordert von meiner posttraumatischen Depression, meinen Tränen und meiner Trauer. Sie hatten Angst, etwas Falsches zu sagen oder etwas falsch zu machen. Ich kann es ihnen nicht verdenken. Es waren junge Leute wie ich, von denen die meisten nie zuvor in Berührung mit Tod und Trauer gekommen waren.

Anfangs war ich vollkommen aufgelöst in meiner Trauer und der Unbegreiflichkeit des Geschehenen. In dieser Zeit feierte mein Freundeskreis die Fußball-WM im eigenen Land.

Später kam ich nicht mehr heraus aus dem tiefen Trauertal und zeigte kein Interesse an den Dingen, mit denen meine Freunde sich beschäftigten. Es war sicher nicht einfach, mir nahezukommen. Über Depressionen ist viel zu wenig bekannt, und so litt ich, wie viele andere Betroffene auch, in weitgehender Stille. Dabei hatte ich noch Glück im Unglück und familiären Rückhalt.

Viele Angehörige und Freunde von Depressiven wissen schlichtweg nicht, wie sie sich verhalten sollen. Mir hat es immer gutgetan, wenn meine Mitmenschen sich *normal* gaben. So wie meine Freundin Nicole es getan hatte. Sie stellte Fragen, die ihr unter den Nägeln brannten; gemeinsam suchten wir nach Erklärungen. Dabei fühlte sie instinktiv, wie weit sie gehen konnte, ohne mich zu stark zu belasten. Und meine Schwester Anja machte es richtig, als sie mich, wie zu Neles Geburtstagsfeier, zurück in das *normale* Leben holte und mit mir über meine liebe Sarah lachte. Als sie sich nicht vor den schönen Erinnerungen scheute, sondern sie wachhielt. Das tat mir gut. Für mich waren dies die richtigen Wege, mich ein wenig am *normalen* Leben teilhaben zu lassen, bevor ich mich in Therapie begab.

Manch einer möchte sich nicht mit der depressiven Stimmung eines anderen belasten, weil er sich nicht dazu in der Lage fühlt und überfordert ist, wenn ein Mitmensch unvermittelt in Tränen ausbricht und kein Licht am Ende des Tunnels sieht. Andere wollen nicht gestört werden, sondern ihr eigenes Glück und ihr eigenes Leben unbeschwert genießen. Auch das habe ich zu spüren bekommen. Viele meiner Freunde lebten zur Zeit meiner tiefsten Trauer in einer anderen Welt. Sie wollten feiern und ihre Jugend genießen. Ihnen fehlte manchmal einfach nur die Lust, sich mit meinen Problemen zu belasten. Erst jetzt, Jahre später, stellen sie mir Fragen nach meinen Gefühlen.

Vor Kurzem fand ich ein Gedicht von Gabriela Erber, das mir aus der Seele spricht.

So wichtig
in unserer Zeit
ist die Achtsamkeit.
Achtsam
mit sich selber sein
achtsam
zueinander sein.
Aufeinander achten
den andern auch beachten
alles mit neuen Augen betrachten.
Achte dich selbst
und achte dein Leben
versuche nicht nur
nach Materiellem zu streben.
Achte die Menschen neben dir
dann sind sie auch achtsam zu dir.

Das Leben ist schön

Ich habe gelernt, dass Depression eine behandelbare Krankheit ist, wenn man sich den Problemen stellt. Manchmal braucht es einen Anstoß. Bei mir war es Robert, der mich zu einer Therapie bewog. Robert und seine Liebe waren es auch, die einen Großteil dazu beitrugen, mich in ein normales Leben zurückzubringen. Besonders wichtig waren jedoch die vierzehn Monate Therapie, bis meine Schwangerschaft weitere Sitzungen verhinderte. In ihrer geschulten Therapiesprache drückte Frau Precht es so aus, dass meine *affektive Beteiligung durch das Prozessieren mittels der Traumaexposition deutlich reduziert* worden war. Für mich hieß es in erster Linie, das Thema *Tod von Sarah* aus therapeutischer Sicht im Griff zu haben. Gern hätte ich noch weitere Gespräche geführt und noch mehr Stärkung erfahren, aber inzwischen kann ich auch so mein Leben meistern und mit meiner Familie glücklich sein. Frau Precht bedauerte es ein wenig, dass wir die Themen der Gegenwart und Zukunftsprojektion aufgrund meiner Schwangerschaft nicht tiefer gehend bearbeiteten. Wir vereinbarten jedoch, dass ich ihre professionelle Hilfe sofort suchen würde, wenn sich an meiner Verfassung etwas änderte. Ich war wirklich froh, schon bei meinem zweiten Anlauf der

Therapieplatzsuche in die richtigen Hände geraten zu sein. Manchmal braucht es einen wesentlich längeren Atem, um die richtige Therapieform für sich zu finden. Und genau dieser Atem fehlt sicher vielen Betroffenen.

Zum nächsten Weihnachtsfest schenkte Robert mir ein Wochenende auf Sylt, weil wir uns zehn Jahre zuvor auf der Insel kennengelernt hatten. Und so kam es, dass wir im eisigen Januarwind über den verlassenen Inselcampingplatz stapften und nach der Stelle suchten, an der unsere Zelte in jenem Sommer gestanden hatten. Trotz der Kälte amüsierten wir uns, fielen in den Sand und küssten uns. Zehn Jahre! In solchen Momenten wurde mir mehr denn je bewusst, unter welchem Druck unsere wiedergefundene Liebe zu Beginn gestanden hatte. Ich war in größter Trauer gewesen und gleichzeitig wieder in Robert verliebt. Doch für eine unbefangene Liebe hatte es keinen Raum gegeben. Wie hatte er das nur ausgehalten? Nun suchten wir gemeinsam nach diesem Raum für unsere Liebe und genossen jede Stunde der *Normalität*.

In den letzten Jahren hatten Robert und ich ein kleines Ritual in unsere Beziehung eingefügt: Robert spielte Fußball, und ich begleitete ihn zu *jedem* Punktspiel! Ob es regnete, schneite, stürmte oder die Sonne brannte: Ich stand *immer* am Spielfeld und feuerte ihn und seine Mannschaft an. Anfangs konnte ich kaum glauben, was ich auf dem Platz zu sehen bekam. Als Fußballer war Robert ein anderer Mensch. Ich staunte, als ich ihn zum ersten Mal wütend erlebte. Hier konnte er sogar lauthals schimpfen. Sein Brüllen hallte manchmal über das gesamte Spielfeld. Diese Wut bekam sogar der Schiedsrichter zu spüren. Wenn Robert sich oder seine Mannschaft ungerecht behandelt fühlte, dann hielt er sich nicht mehr im Zaum. Er tobte sich regelrecht aus, läuferisch und auch stimmlich. Es dauerte eine Weile, bis ich mich daran gewöhnte. Den Mitspielern war sein Verhalten vertraut. Sie empfanden es ganz offensichtlich als *normal*.

Aus meiner eigenen aktiven Zeit als Fußballspielerin waren mir die Abläufe und Regeln vertraut. Ich genoss manches gute Spiel und langweilte mich nicht, wenn es über anderthalb Stunden nur ein trostloses Hin-und-her-Kicken zu sehen gab. Durch meine regelmäßigen Platzbesuche lernte ich nicht nur seine Mitspieler, sondern auch zahlreiche Spielerfrauen, ihre Kinder und andere Angehörige kennen. Auf dem Fußballplatz spielte meine Vergangenheit keine Rolle. Niemand sprach mich darauf an. Ich genoss die Nachmittage am Spielfeldrand und war unendlich stolz, wenn Robert ein Tor schoss und seine Mannschaft als Sieger vom Platz ging.

Manchmal saßen wir noch im Vereinsheim zusammen oder warfen einen Grill an. Die kleinen Normalitäten bekamen einen hohen Stellenwert für mich. Dann beobachtete ich mich selbst und entdeckte die vielen Schritte, die ich in den letzten Jahren auf dem Weg zu einem (wieder) erfüllten Leben geschafft hatte.

Ich sah die Welt mit anderen Augen, voller Dankbarkeit und Wachsamkeit. Vielleicht bin ich nicht mehr so belastbar wie vor dem Tod meiner Tochter, aber ich habe gelernt, auf mich und hoffentlich auch auf andere zu achten. Ich versuche die Charaktere von Fremden einzuschätzen und bin auf der Hut, wenn mir etwas nicht gefällt oder sich jemand seltsam verhält. Für Gefühlsschwankungen bei vertrauten Menschen habe ich einen Sensor entwickelt und frage nach, wenn es mir notwendig erscheint.

Doch trotz aller Aufarbeitung der tragischen Ereignisse blieb manches unausgesprochen, und es gab auch in meiner Familie zahlreiche offene Fragen.

Erst kürzlich klärte Anja ihre Kinder über Sarahs wahre Todesursache auf. Meine Schwester und mein Schwager hatten bewusst damit gewartet, ihren Kindern die genauen Umstände zu schildern. Sie hatten sich dafür die Herbstferien ausgesucht, um in Ruhe und möglicherweise über mehrere Tage hinweg über alles sprechen zu können. Nele war inzwischen fünfzehn Jahre alt geworden und hatte immer an der Geschichte mit dem Autounfall gezweifelt. Nun sollten sie und ihr jüngerer Bruder erfahren, was wirklich geschehen war. Die beiden Kinder hörten ihren Eltern aufmerksam zu. Anja sagte ihnen auch, dass sie mich jederzeit darauf ansprechen dürften und ich ihnen jede Frage beantworten würde.

»Das habe ich mir gedacht. Ich hatte so ein komisches Gefühl«, sagte Nele einige Tage später zu mir. »Ich habe schon immer gewusst hat, dass da etwas faul ist.«

»Du bist ja auch ein cleveres Mädchen.«

»Ich kann mich gut an alles erinnern. Katja, du sollst nicht mehr traurig sein.«

»Das bin ich auch fast nicht mehr, jedenfalls nicht mehr so wie am Anfang. Meistens denke ich an die fröhliche Zeit mit Sarah zurück.«

Mein Vater geht regelmäßig zum Friedhof und pflegt Sarahs Grab. Über diese Besuche redet er jedoch nicht gern. Das ist seine Art des Umgangs mit der Katastrophe. Er hat Sarah geliebt, sie war *seine* kleine Enkeltochter, *sein* Sonnenschein. In Gedanken sehe ich ihn manchmal noch mit ihr spielen, so wie er jetzt mit Charlotte spielt.

»Papa, es tut gut, über das zu sprechen, was passiert ist«, sage ich manchmal zu ihm, aber er kann es nicht.

In der Zeit nach meiner Therapie versuchte ich ihm deutlich zu machen, wie wichtig es ist, seine Gedanken und Gefühle herauszulassen, und wie gut es der Seele tut.

Ich drängte ihn förmlich dazu, wenigstens mit unserer Mutter das Gespräch zu suchen. Offenbar vergeblich. Der Schatten, der durch Cays erweiterten Selbstmord auf meine Eltern gefallen war, wollte einfach nicht weiterziehen, zu schwer fällt es ihnen, sich zu öffnen. Die dunkle Wolke hing unverrückbar über ihrem Leben und tut es noch immer. Dabei wünschte ich mir nichts sehnlicher als die wärmende Sonne über ihnen.

Meine Mutter mied Friedhofsbesuche. Sie dachte jedoch immer an Sarahs Todestag, ohne ihn zu erwähnen. Wenn ich an jenem bestimmten Tag im Sommer nach meinem Gang zum Friedhof zu ihr kam, erwartete sie mich bereits. Bisher konnte ich mich immer darauf verlassen, dass sie an mich und unsere Sarah dachte. Ich stellte mir vor, wie vor ihrem inneren Auge der Film jenes unsäglichen Tages ablaufen musste.

»Ich wusste, dass du heute kommst«, sagte sie, wenn ich aus dem Auto stieg.

Sobald wir über Sarah sprachen, begann sie zu weinen. Auch mir kamen dann die Tränen, selbst wenn ich mich eigentlich stark zeigen wollte. Den Schmerz meiner Mutter konnte ich nicht ertragen.

»Willst du nicht auch mal zum Friedhof gehen? Mit Papa. Probiere es doch einfach mal.«

Meine Mutter schüttelte kaum merklich den Kopf.

So trauerte jeder auf seine eigene, einsame Art. Für mich war es schwer zu begreifen, wie die beiden mit den Ereignissen umgingen. Sie fraßen die Trauer regelrecht in sich hinein. Der Knoten schien immer fester zu werden, anstatt sich zu lösen und Momente der Zufriedenheit zu ermöglichen.

»Er wollte nicht, dass Sarah einen anderen Vater bekommt«, sagte meine Mutter unvermittelt zu mir. Ich wusste sofort, was sie damit meinte. »Katja, er hat alles kaputt gemacht.«

»Nein, das hat er nicht geschafft. Zum Glück nicht. Unser Leben geht weiter, auch in Erinnerung an Sarah. In guter Erinnerung an ein wunderbares Mädchen.«

Mich belastete anfangs fast jeder Satz, den meine Mutter über das Geschehene äußerte. Am liebsten wäre ich davongelaufen. Ich konnte sie nicht auffangen, nicht in ihrer grenzenlosen Trauer und ihren Schuldgefühlen. Auch bei mir kamen regelmäßig ähnliche Gefühle an die Oberfläche, aber ich lernte, damit umzugehen. Ich hatte meinen *Tresor,* meine Techniken, meine Erklärungen, mein Verständnis und meinen Willen, ein erfülltes Leben zu führen, für mich und für meine Familie.

Es würde mich glücklich machen, meine Eltern wieder glücklich zu sehen. Irgendwann musste doch die Zeit gekommen sein, *hinaus*zugehen, die *Welt* zu sehen, das *Schöne* zu sehen. Mein Vater schien eher bereit dazu, aber meine Mutter war zu verhaftet. Sie war jederzeit bereit, zu uns zu kommen, uns zu helfen, die Kinder zu beaufsichtigen, im Garten zu arbeiten, aber ein kleiner Ausflug, *nur so zum Spaß,* das war unvorstellbar für sie.

Geh hinaus, und entdecke das Schöne! Diesen Satz habe ich aus meiner Therapie mitgebracht, und ich wünschte mir so sehr, meine Mutter könnte ihm folgen. Es gibt noch etwas anderes zu sehen als das heimische Umfeld mit seinen Erinnerungen.

Nicht einen einzigen Tag hat meine Mutter unseren Heimatort seither verlassen. Es gab keinen einzigen Tag, an dem sie nicht voller Kummer an Sarah dachte und die Uhr zurückstellen wollte. Zurück auf die Tage vor den tragischen Ereignissen.

Wenn Anja und ich in ihrem Beisein über Sarah sprachen und über mein wunderbares Mädchen scherzten und lachten, dann blockte meine Mutter diese Gespräche ab oder ging in einen anderen Raum. Sie wollte allenfalls über das tragische Ende von Sarahs kurzem Leben sprechen. Nie wäre sie auf die Idee gekommen, über ihre Enkeltochter zu lachen. *Alles ist nur furchtbar! Cay hat alles kaputt gemacht.*

Dabei wollen Anja und ich mein Engelchen doch nur in guter Erinnerung behalten und all das Schöne sehen und bewahren. Aber davon ist meine Mutter weit entfernt.

Anja und ich hingegen amüsieren uns gern über Sarahs lustiges Wesen.

»Weißt du noch, als Sarah versuchte, das Wort Fahrradfahrer auszusprechen? Damals war sie keine zwei Jahre alt«, brauchte Anja nur zu sagen, und ich prustete los.

»Klar, Rarararer! *Mama, guck mal, ein Rarararer.*«

Bei solchen Erinnerungen muss meine Mutter weinen, und Anja und ich haben es uns fast gänzlich abgewöhnt, in ihrem Beisein über lustige Episoden zu sprechen. Dabei tut es mir gut, denn es bringt meine Kleine für einige Momente zurück zu mir. Dann spüre, rieche und höre ich sie. Ich war so stolz auf mein Mädchen und bin es immer noch. Sie war ein wunderbarer Mensch.

»Mama, es ist besser, wenn du darüber sprichst, was dich bewegt«, sage ich immer wieder zu ihr. »Vielleicht solltest du auch eine Therapie machen, um wieder glücklich werden zu können.«

»Du bist doch meine Therapie! Du bist so stark.«

»Mama, ich habe nicht immer die Kraft, dir zuzuhören. Du musst viel darüber sprechen, aber in einer professionellen Therapie. Mir hat es sehr geholfen. Probiere es doch wenigstens aus. Du kannst nicht dein Leben lang um unsere Sarah trauern. Du hast noch andere Enkel, die sich eine fröhliche Oma wünschen.«

»Ich habe Angst davor, zu einem Psychiater zu gehen! Ich bin doch nicht verrückt.«

»Aber so ist es nicht. Ich habe schließlich auch eine Therapie gemacht. Im Wartezimmer einer Therapeutin sitzen Menschen wie du und ich, die etwas verarbeiten müssen, das sie allein nicht bewältigen können. Allein hätte ich es nie geschafft, das Trauma zu überwinden und wieder Lebensfreude zu finden. Versuche es doch mal. Wenigstens eine einzige Stunde. Ich begleite dich. Probiere es bitte.«

»Ich weiß nicht. Du bist noch jung. Da ist es etwas ganz anderes. «

»Und du bist noch nicht alt. Es liegen noch viele Jahre vor dir und Papa. Du ziehst dich immer mehr zurück. Das ist nicht gut. Es wäre doch schön, wenn Papa und du wieder gemeinsam etwas unternehmen könntet und heiter wäret. Ihr könntet doch mal ans Meer fahren, ein Wochenende lang ausspannen. Ich habe es auch geschafft. Wenn man von Dingen spricht, die endgültig vorbei sind, lachen die Mäuse. Hast du uns das nicht immer gesagt?«

Unser Haus

Kaum ein Jahr später zogen Robert, Charlotte und ich in unser eigenes Haus. Nach aufwendigen Umbauarbeiten war es so, wie wir es haben wollten. Anja wohnte in der Nähe, und auch zu allen anderen Familienangehörigen war es nicht weit. Ich wollte unser *Nest* am liebsten sofort fertig haben und trieb mich und all unsere Helfer zur Eile an, weil ich den Schwebezustand zwischen der alten Wohnung, der Baustelle und dem anvisierten Umzugstermin kaum ertrug. Ich konnte meine innere Hast nur schwer erklären, aber ich hatte meine Alarmglocken, die laut schrillten, wenn ich etwas nicht ertrug. Leider waren sie nur für mich hörbar und den anderen kaum zu vermitteln. Manch einer war bestimmt von meiner Ungeduld irritiert.

Nachdem wir in unsere eigenen vier Wände gezogen waren, überwältigten mich in regelmäßigen Abständen Glücksmomente, die ich kaum fassen konnte und noch vor Kurzem als undenkbar betrachtet hätte. Ich war Ende zwanzig und freute mich auf eine Zukunft mit meinem Mann und meiner Tochter.

Inzwischen arbeitete ich stundenweise in einem 400-Euro-Job, um etwas zur Haushaltskasse beizusteuern. Manchmal half ich in einer Gärtnerei oder übernahm

Schichten als Packerin. Meine Mutter oder meine Schwiegermutter kümmerten sich in dieser Zeit um Charlotte. Die finanzielle Belastung mit einem Haus und Kind war nicht einfach zu schultern, und ich freute mich, dass ich nach Charlottes Geburt nun in der Lage war, einige Stunden in der Woche zu arbeiten. Wir kamen gut über die Runden, und eines Tages würde ich vielleicht auch wieder in meinem alten Beruf als Arzthelferin arbeiten können. Doch zunächst war mir die Erziehung unserer Tochter am wichtigsten, und ich konnte mir nicht vorstellen, sie ganztags in einer Kinderkrippe abzugeben.

Im neuen Haus stellte ich mir manchmal vor, welches Zimmer Sarah bezogen hätte. Ich malte mir aus, wie wir es eingerichtet hätten und welche Farbe sie sich ausgesucht hätte. Diese Gedanken waren nicht länger quälend, sondern nur ein wenig traurig. Sie kamen und gingen wie andere Gedanken und gehörten zu meinem Leben wie meine gesamte Vergangenheit. Sarah wäre bestimmt eine tolle große Schwester für Charlotte gewesen. Wir wären zu viert! Eine zweijährige und eine siebenjährige Tochter. Welch eine schöne Vorstellung.

Unser Haus war kaum eingerichtet, als ich erneut schwanger wurde. Einen besseren Zeitpunkt hätte es nicht geben können. Ein Geschwisterchen für Charlotte war unser großer Wunsch gewesen, denn meine eigene Familie konnte nur mit zwei Kindern komplett sein. Persönlich hatte ich jedoch einige Bedenken vor den zusätzlichen Belastungen.

Nachdem meine Schwangerschaft festgestellt worden war, nahm ich an allen notwendigen medizinischen Untersuchungen teil. Wenn man mich in der gynäkologischen Praxis, bei der Geburtsvorbereitung oder der Schwangerengymnastik fragte, meine wievielte Schwangerschaft es sei, antwortete ich immer: »Meine dritte.« Aber wenn ich gefragt wurde, wie viele Kinder ich habe, antwortete ich: »Eines.«

Manchmal wurde ich auch gefragt, wie alt mein erstes Kind sei.

»Sie lebt leider nicht mehr, aber es ist schwierig zu erklären, warum sie nicht mehr da ist.«

Bisher hat niemand Nachfragen gestellt.

Vor der Geburt unseres zweiten Kindes überkamen mich plötzlich Ängste. Ich fürchtete mich vor den physischen Schmerzen der Geburt und davor, es womöglich psychisch nicht zu verkraften. Ich hatte große Angst, meinem Kind könne etwas zustoßen. Ich malte mir alle möglichen Komplikationen aus und schaffte es kaum, mich zu beruhigen. Was war, wenn das Kind einen Schaden davontrug und bei der Geburt etwas schiefging? Ich wollte alles tun, um jegliche Risiken so gering wie möglich zu halten. Meine Belastungsfähigkeit war rapide gesunken, und es fiel mir immer schwerer, mir selbst Mut zu machen. Düstere Gedanken zogen auf, wobei ich versuchte, ruhig und realistisch zu bleiben. Andere Frauen bekommen doch auch Kinder, ohne vor Angst verrückt zu werden, sagte ich mir. Und schließlich hatte ich es schon zweimal ohne Komplikationen geschafft.

In manchen Momenten hatte ich Angst, (wieder) alles zu verlieren: mein Kind, mein Glück, mein Leben.

Ich hatte auch Angst vor der Verantwortung, zwei Kinder großzuziehen. Sogar über Charlottes mögliche Eifersucht machte ich mir Gedanken, dabei gab es keinen einzigen Hinweis darauf. Ich fühlte mich verletzlich und nicht mehr so belastbar wie noch vor einigen Jahren.

In manchen Momenten fehlte mir das Selbstvertrauen für ein weiteres Kind. Würde ich das schaffen? Charlotte brauchte sehr viel Zuwendung. Ein Baby musste ständig umsorgt werden. Wann sollte ich die Einkäufe erledigen, wann den Haushalt? Und wann würde ich mal wieder eine ganze Nacht durchschlafen können? Mich quälte auch die Frage, ob Robert und mir noch ausreichend Raum für unsere Liebe blieb. Fragen und Zweifel marterten meine Seele. Mir wurde immer deutlicher, dass die Tragödie um Sarahs Tod mir langfristig Kraft geraubt hatte. Ja, ich war glücklich, daran gab es keinen Zweifel, aber ich war auch geschwächt.

Der Geburtstermin stand mir wie eine enorme Herausforderung vor Augen. Meine Unruhe wuchs mit jedem Tag. Längst war der Frühling gekommen, und ich hätte das erste Grün in unserem eigenen Garten genießen sollen. Stattdessen versicherte ich mich beim Gynäkologen, dass auch wirklich alles *normal* sei.

Zweieinhalb Jahre nach der Geburt von Charlotte wurde meine dritte Tochter Sophia geboren. Ihr Taufspruch war der Psalm 17, Vers 8: *Behüte mich wie einen Augapfel im Auge, beschirme mich unter dem Schatten deiner Flügel.*

Nachtrag

An meine Leser

Nach den tragischen Ereignissen in meinem Leben spüre ich deutlich, wie kostbar jeder einzelne Moment im Leben ist. Seht das Schöne im Leben, und genießt es! Erfreut euch auch an den kleinen Dingen. Habt keine Angst, eure Schwächen zu zeigen und darüber zu reden. Lasst euch helfen, aber lasst euch auf keinen Fall unterkriegen. Und bitte seid immer ehrlich! Durch meine eigenen Erlebnisse habe ich auf tragische Weise erfahren müssen, welche Auswirkungen Unwahrheiten und Verstellungen haben können.

Und bitte hört auf, egoistisch zu sein, sondern achtet auf eure Mitmenschen, dann achten sie auch auf euch. Hört einfach mal hin, wenn sie etwas zu sagen haben. Versucht zu verstehen, was sie fühlen und was sie denken.

Aber es darf euch manchmal auch egal sein, was *andere* über *euch* denken. *Was denn bloß die Nachbarn denken,* darf nicht den Ausschlag für das eigene Handeln geben.

Viele Leser werden sich sicherlich fragen, warum ich dieses Buch geschrieben habe.

Eigentlich fing es mit dem Selbstmord von Robert Enke an. Als in der Presse von nichts anderem als seinem Freitod die Rede war, horchte ich auf. Ich verfolgte jede Meldung, hörte jeden Kommentar und las sämtliche Artikel über ihn. Meistens habe ich mich fürchterlich darüber aufgeregt, dass plötzlich jeder angeblich ein so großes Verständnis für die Krankheit namens *Depression* und die Betroffenen hatte.

Meine Erfahrung zeigt eher, dass depressive Menschen es in der öffentlichen Wahrnehmung schwer haben. Nicht selten werden sie als unheilbare Kranke oder gar *Verrückte* abgestempelt. Anstatt ihnen zu helfen, werden sie und ihre Leiden nicht ernst genommen. Manche Betroffenen verlieren aufgrund ihrer Depressionen den Arbeitsplatz, ihre vertraute Umgebung, vielleicht sogar Bekannte und Freunde. Wobei ich aufgrund meiner eigenen Erfahrungen sagen möchte, dass Depressive über ihre Erkrankung hinaus oft gleichzeitig mit einer Vielzahl anderer Problemen zu kämpfen haben.

Ich möchte Menschen mit Depressionen dazu anregen, sich helfen zu lassen, bevor es zu spät ist und etwas Schlimmes passiert.

Und ich möchte mit diesem Buch Menschen erreichen, die etwas Tragisches und Traumatisches erlebt haben, so wie ich. Heute kann ich sagen: Ich habe es geschafft! Ich kann ein erfülltes Leben führen! Diese beiden Aussagen waren über einen langen Zeitraum unvorstellbar für mich. Aber am Ende zählt nur das Leben!

Ich wünsche mir, dass immer mehr Menschen ihren Blick dafür schärfen, eine Depression zu erkennen. Ein erster Schritt in diese Richtung kann darin bestehen, sich zu fragen, wie man mit Depressionen umgeht, wie man helfen kann und wie man zurückkehren kann in ein normales Leben.

Zum anderen habe ich persönlich dieses Buch zur Verarbeitung meiner Geschichte genutzt. Seit ich daran arbeite, beschäftige ich mich wieder intensiver mit den damaligen Geschehnissen und merke dabei: Es tut mir gut. Je mehr ich mich damit beschäftige, desto besser geht es mir. Zu guter Letzt soll dieses Buch aber auch eine Richtigstellung der Geschehnisse sein. Die Menschen aus meinem näheren Umfeld, meine Kollegen, Nachbarn und Bekannten haben sich schon oft gefragt: Was ist wirklich passiert? Nun können es alle nachlesen.

Danksagung

Vielen Dank an alle, die mir bei der Entstehung dieses Buches geholfen haben. Ganz besonders danke ich Bruni Prasske und Lars Schultze-Kossak:

Liebe Bruni, vielen Dank für die Geduld, die du aufgebracht hast. Ich fand es wunderbar, mit dir zusammenzuarbeiten. Ich hätte mir keine bessere Coautorin wünschen können. Die Energie, mit der du die gesamte Familie angesteckt hast, ist einfach unglaublich. Ich freue mich schon auf den Frühling, um meine Hula-Reifen intensiv zu benutzen. Vielen herzlichen Dank für alles!

Lieber Lars, auch dir und deiner Agentur möchte ich herzlichen Dank sagen für die Zusammenarbeit und das Vertrauen. Es war schön, dass meine Geschichte so schnell Zuhörer gefunden hat!

An meine Freunde
Wirklich ehrliche Freunde findet man selten, und deshalb sind Robert und ich froh, dass ihr zu uns haltet, an uns denkt (an bestimmten Tagen) und uns versteht, wenn es uns nicht so gut geht. Nun wissen wir auch, wer wirklich unsere Freunde sind, nämlich die, von denen man immer etwas hört.

Liebe Freunde, bitte habt Verständnis, wenn wir manchmal etwas Zeit für uns allein brauchen. Das ist nicht böse gemeint und hat wirklich nichts mit euch zu tun. Wir brauchen euch trotzdem. Nehmt es uns nicht krumm, wenn wir uns lange nicht gemeldet haben, sondern tut uns den Gefallen, weiterhin – selbst nach all der Zeit – den Kontakt zu uns zu suchen.

Ich habe es mir abgewöhnt, alles für jeden perfekt zu machen. Ich möchte nur den Alltag möglichst stressfrei bewältigen und unser Leben vereinfachen, besonders seitdem wir zwei kleine Kinder haben. Vieles wird sich ändern, sobald sie etwas größer sind. Unser zeitweiliger Rückzug geschieht ohne böse Absicht und keinesfalls, um euch zu ärgern. Jeder von euch ist uns sehr wichtig.

Liebe Freunde aus der Pfalz, ihr seid so weit weg und doch so nah. Danke für die Zeit, die wir bis jetzt zusammen verlebt haben, und danke für die ständigen kleinen Aufmerksamkeiten und dass ihr mit den Gedanken bei uns seid.

Liebe Freunde aus dem Braunschweiger Land: Vielen Dank für euer ungetrübtes Interesse an uns und unserer Freundschaft. Ich finde es wirklich schön, dass wir immer noch im Kontakt stehen und dass ihr zu uns haltet.

Auch meiner Psychologin möchte ich herzlich für ihre Unterstützung danken. Liebe Frau Precht, Ihr aufrichtiges Interesse, Ihr geduldiges Zuhören und Ihre tolle Arbeit haben mir sehr geholfen. Danke für jegliche Hilfestellung und jeglichen Rat, den Sie mir mit auf den Weg gegeben haben.

An meine Familie

Vielen Dank an alle! Ich weiß nicht, wie ich es ohne euch geschafft hätte. Ihr wart immer für mich da, und ihr seid es nun auch für uns. Ihr seid wirklich super! Ich freue mich über meine tolle Familie. Man kann mit euch eine schöne und lustige Zeit haben und sich zu einhundert Prozent auf euch verlassen. Doch bitte eines: Denkt auch mal an euch, seid auch mal egoistisch. Denkt auch mal daran, was euch selber guttut. Denn das ist auch wichtig. Traut euch zu sagen, wenn es euch vielleicht mal nicht so gut geht. Ihr dürft auch um Hilfe bitten, in allen Lebenslagen.

Genießt euer Leben, so wie ihr es könnt. Wir sind immer für euch da.

Vielen Dank, dass es euch gibt. Ich bin so froh über jeden Einzelnen von euch, denn sonst wäre es ziemlich einsam.

An Robert

Vielen Dank für deine ständige Unterstützung, für deine Liebe und für die zwei hinreißenden Kinder, die du mir geschenkt hast. Ich fühle mich unglaublich geborgen bei euch und auch bei deinen Eltern, die mich so herzlich aufgenommen haben.

Vielen Dank für deine Geduld und deine Ehrlichkeit, die ich am meisten schätze. Ich bin so froh, dass ich euch habe, und möchte natürlich auch für euch da sein, so gut ich kann, wann immer ihr mich braucht.

Ich liebe euch alle so sehr!

Zitatnachweise

Der dramatische Kampf einer starken Mutter

*Cover- und Preisänderungen vorbehalten

Tina Rothkamm

Flucht in die Hoffnung

Wie ich meine Tochter
aus Tunesien befreite

Piper Taschenbuch, 288 Seiten
Mit 14 Abbildungen auf Tafeln
€ 9,99 [D], € 10,30 [A], sFr 14,90*
ISBN 978-3-492-30276-0

Als sich Tina Rothkamm in einen charmanten tunesischen Arzt verliebt, scheint das Glück perfekt. Bald ist Tochter Emira unterwegs – doch schon in der Hochzeitsnacht zeigt der Bräutigam sein wahres Gesicht. Jahre der Angst beginnen, in denen Tina Rothkamm für eine freies Leben mit der kleinen Emira kämpft. Erst als der Arabische Frühling das Land aufwühlt, bietet sich ihr eine letzte Chance: die Flucht in einem Fischerboot übers offene Meer.

PIPER

Leseproben, E-Books und mehr unter www.piper.de

»Dieses Buch war längst überfällig.«

Günter Wallraff

Ingrid Müller-Münch

Die geprügelte Generation

Kochlöffel, Rohrstock und die Folgen

*Cover- und Preisänderungen vorbehalten

Ingrid Müller-Münch
Die geprügelte Generation
Kochlöffel, Rohrstock
und die Folgen

Piper Taschenbuch, 288 Seiten
€ 9,99 [D], € 10,30 [A], sFr 14,90*
ISBN 978-3-492-30283-8

Ein Großteil der deutschen Nachkriegskinder ist ins Leben hineingeprügelt worden. Doch wie konnte es sein, dass Schläge mit Teppichklopfer, Kochlöffel und Rohrstock in der Schule und zu Hause völlig üblich waren? Und was wurde aus diesen Kindern, die in der Gewissheit aufwuchsen: Ich bin ein Nichts, ich gehöre bestraft? Ingrid Müller-Münch spürt diesen Fragen nach und leistet damit einen wichtigen Beitrag zur gegenwärtigen Erziehungsdebatte.

PIPER

Leseproben, E-Books und mehr unter www.piper.de

Die Geschichte einer großen Liebe

*Cover- und Preisänderungen vorbehalten

Lisa Niemi Swayze

Unser letzter Tanz

Die Liebe ist immer stärker
als der Krebs

Piper Taschenbuch, 384 Seiten
Aus dem Amerikanischen von
Bärbel und Velten Arnold
€ 9,99 [D], € 10,30 [A], sFr 14,90*
ISBN 978-3-492-30235-7

Wie soll man weitermachen, wenn ein geliebter Mensch gestorben ist? Lisa Niemi Swayze erzählt von dem gemeinsamen Kampf gegen den Krebs, von den letzten Stunden mit ihrem Mann und von ihrer tiefen Trauer nach Patricks Tod. Aber sie gibt auch Einblick in glückliche Zeiten und beweist, welch unglaubliche Kraft der Liebe innewohnt. Eindrücklich zeigt sie, wie wir mit dem Verlust eines Menschen umgehen können, ohne daran zu zerbrechen.

PIPER